SUPER FACILE

Cuisiner à l'avance pour la semaine

Dorian Nieto

SOLAR
EDITIONS

ÉDITO

Vous voulez apporter de l'équilibre et de la variété à vos repas ? Vous n'avez pas envie de passer toutes vos soirées en cuisine ? Vous ne manquerez plus d'idées pour faire face à tous les impératifs et toutes les occasions du quotidien.

Dorian Nieto a imaginé pour vous 90 recettes super faciles, réparties en 15 semaines de menus. Avec juste un peu d'organisation et une liste de courses infaillible, découvrez comment préparer chaque week-end tous vos plats de la semaine, du lundi au vendredi, en seulement 2 heures ! Le jour J, vous n'aurez plus que quelques minutes à consacrer à votre plat pour le finaliser. Petit bonus inclus dans vos 2 heures en cuisine : Dorian vous permet de concocter en même temps votre plat du dimanche !

Tout pour parvenir à l'équation idéale d'une cuisine vraiment simple et rapide, ou comment, avec peu d'ingrédients et aussi peu d'étapes, proposer des recettes variées et originales.

Quand simplicité, équilibre et saveur sont au rendez-vous, cuisiner devient...

... Super facile !

Toutes les recettes sont pour 4 personnes.

Sommaire

Semaine 1

Dimanche *Lasagnes saumon épinard*

Lundi *Salade comme une niçoise*

Mardi *Poulet aux légumes*

Mercredi *Cake épinards, petits pois, feta*

Jeudi *Soupe de nouilles poulet-champignons*

Vendredi *Gratin de galettes au saumon*

Liste de courses

Viande/poisson :

✔ 5 darnes de saumon d'environ 170 g chacune

✔ 6 filets de poulet

Fruits/légumes :

✔ 1 kg d'épinards

✔ 120 g de haricots verts

✔ 2 sucrines

✔ 2 tomates

✔ 8 radis

✔ 5 tiges de basilic

✔ 370 g de petits pois écossés

✔ 300 g de champignons de Paris

✔ 1 botte d'oignons nouveaux

Crèmerie :

✔ 90 g de beurre

✔ 120 cl de lait

✔ 120 g de gruyère râpé

✔ 9 œufs

✔ 120 g de feta

Épicerie :

✔ Une dizaine de feuilles de lasagnes

✔ Une douzaine d'olives noires

✔ 240 g de nouilles chinoises au blé

✔ 1 cuil. à café de graines de sésame

Placard de base :

✔ 260 g de farine de blé

✔ 60 g de farine de sarrasin

✔ 6 cuil. à soupe d'huile d'olive

✔ 2 cuil. à soupe de vinaigre de vin

✔ 1 cuil. à café de fond de volaille déshydraté

✔ 1 cube de bouillon de volaille

✔ 12 cl d'huile de tournesol

✔ 15 g de levure chimique

✔ Sel et poivre

2 h pour préparer 6 recettes

dont le plat du dimanche

→ Préchauffez le four à 160 °C (th. 5-6).

Le poulet

→ Versez dans une casserole 1,5 l d'eau froide, le cube de bouillon de volaille et les filets de poulet. Portez à ébullition et laissez cuire 1 minute, puis coupez le feu et laissez refroidir. Congelez d'une part 4 filets de poulet avec 50 cl de bouillon de cuisson pour le *Poulet aux légumes* et d'autre part congelez 2 filets de poulet et le reste de bouillon pour la *Soupe de nouilles poulet-champignons*.

Le saumon

→ Déposez les darnes de saumon sur une plaque de four couverte de papier cuisson, enfournez 15 minutes puis réservez 3 darnes et rangez au réfrigérateur 2 darnes pour la *Salade comme une niçoise* de lundi.

Les légumes

→ Faites cuire les épinards à sec dans une cocotte sur feu vif, pendant 3 minutes, en remuant de temps en temps, puis pressez-les bien pour les essorer.

→ Faites bouillir 1,5 l d'eau salée dans une casserole. Plongez les haricots verts 3 minutes dans l'eau bouillante et retirez-les à l'aide d'une écumoire.

→ Réservez 4 champignons, coupez les autres en deux ou en quatre selon leur taille et plongez-les 3 minutes dans l'eau bouillante et retirez-les à l'aide d'une écumoire. Plongez alors les petits pois 4 minutes et videz le tout. Réservez-les 2/3 des petits pois, la moitié des champignons et tous les haricots verts au réfrigérateur pour le *Poulet aux légumes* de mardi.

Les œufs

→ Faites durcir 4 œufs pendant 10 minutes dans une petite casserole d'eau bouillante. Réservez-les au réfrigérateur pour la *Salade comme une niçoise*.

La béchamel

→ Dans une casserole, sur feu doux, faites fondre 40 g de beurre, versez 40 g de farine de blé, mélangez puis versez petit à petit 80 cl de lait chaud en fouettant. Salez, poivrez et faites épaissir en fouettant pendant environ 3 minutes.

La vinaigrette

→ Versez dans un petit pot l'huile d'olive et le vinaigre de vin, salez, poivrez et fermez le pot.

Les lasagnes

→ Enlevez la peau et les arêtes de 2 darnes de saumon et émiettez-les. Déposez deux épaisseurs de feuilles de lasagne au fond d'un plat, puis une couche d'épinards (la moitié des épinards cuits), versez de la béchamel, remettez une couche de feuilles de lasagne, une couche de saumon, versez de la béchamel, remettez deux couches de lasagnes, à nouveau de la béchamel puis parsemez de 30 g de gruyère râpé.

Le cake

→ Dans un saladier, mélangez 10 cl de lait, l'huile de tournesol et 3 œufs, incorporez 180 g de farine de blé et la levure pour avoir une pâte bien lisse. Ajoutez alors la feta coupée en petits cubes, 1/3 des petits pois, la moitié des épinards restants et mélangez bien. Versez la pâte dans un moule beurré et fariné.

→ Enfournez ensemble le cake et les lasagnes. Sortez les lasagnes au bout de 25 minutes et le cake après 50 minutes de cuisson.

Les galettes

→ Pendant la cuisson au four, faites les galettes de sarrasin. Mélangez dans un saladier 20 g de beurre (fondu), 30 cl de lait, 40 g de farine de blé, la farine de sarrasin et 2 œufs. Puis faites cuire les galettes dans une poêle bien chaude légèrement beurrée.

La farce

→ Enlevez la peau et les arêtes d'1 darne de saumon et émiettez-la. Mélangez la moitié restante des champignons cuits, 100 g d'épinards restants, la darne de saumon émiettée (180 g), et 60 g de gruyère. Étalez la farce en bande sur 4 crêpes et roulez-les. Déposez-les dans un plat à gratin. Enroulez dans du film alimentaire et congelez.

→ Congelez le cake quand il a refroidi.

À ce stade, les lasagnes sont prêtes !

Dimanche

Lasagnes saumon épinard

Lundi

Salade comme une niçoise

Préparation : 10 min

Ingrédients pour le Jour J

2 darnes cuites de saumon

4 œufs durs

2 tomates

8 radis

1 sucrine

Une douzaine d'olives noires

La vinaigrette

2 tiges de basilic

1 Sortez du réfrigérateur les darnes de saumon et les œufs.

2 Émiettez le saumon et écalez les œufs et coupez-les en deux.

3 Coupez les tomates en petits quartiers et les radis en deux.

4 Composez votre salade en répartissant dans les assiettes les feuilles de sucrine, les quartiers de tomate, les radis, le saumon, les œufs, quelques olives et des feuilles de basilic. Secouez le pot de vinaigrette et versez-en la moitié sur votre salade. (Gardez l'autre moitié de la vinaigrette pour le mercredi.)

Mardi

Préparation : 10 min

Cuisson : 10 min + décongélation

Ingrédients pour le Jour J

4 filets de poulet congelés avec les 50 cl de bouillon

250 g de petits pois cuits

120 g de haricots verts cuits

120 g de champignons de Paris

4 petits oignons nouveaux

20 g de beurre

1 cuil. à café de fond de volaille déshydraté

Poulet aux légumes

1 Décongelez le poulet et le bouillon.

2 Chauffez le beurre dans une poêle et faites dorer le poulet 3 minutes en le retournant régulièrement. Retirez-le et réservez-le au chaud.

3 Coupez les oignons nouveaux et ajoutez-les dans la poêle. Ajoutez les petits pois, les haricots verts et les champignons, le fond de volaille déshydraté et 50 cl de bouillon de cuisson du poulet et mélangez. Portez à ébullition, baissez le feu et laissez frémir 3 minutes.

Cake épinards, petits pois, feta

1 Préchauffez le four à 160 °C (th. 5-6).

2 Décongelez le cake au four à micro-ondes puis enfournez pendant 12 minutes.

3 Répartissez la salade dans des assiettes et assaisonnez-la avec la vinaigrette restante.

4 Déposez par-dessus des tranches de cake.

Mercredi

Préparation : 2 min

Cuisson : 15 min
+ décongélation

Ingrédients pour le Jour J

Le cake congelé

1 sucrine

Vinaigrette

Jeudi

Soupe de nouilles poulet-champignons

Préparation : 5 min

Cuisson : 5 min + décongélation

Ingrédients pour le Jour J

2 filets cuits de poulet avec bouillon

4 champignons de Paris

240 g de nouilles chinoises au blé

1 cuil. à café de graines de sésame

2 oignons nouveaux

Sel et poivre

1 **Décongelez** les filets de poulet et le bouillon.

2 **Émincez** les oignons nouveaux et les champignons crus.

3 **Dans une casserole** versez le bouillon, les champignons et les oignons émincés et portez à ébullition. Ajoutez les nouilles chinoises et laissez cuire le temps indiqué sur l'emballage.

4 **Pendant ce temps,** coupez les filets de poulet en lanières.

5 **À la fin de la cuisson** des nouilles, ajoutez les lanières de poulet dans la casserole, ajustez l'assaisonnement et mélangez.

6 **Répartissez** la soupe dans les assiettes et parsemez de graines de sésame.

Vendredi

Gratin de galettes au saumon

Préparation : 3 min

Cuisson : 15 min + décongélation

Ingrédients pour le Jour J

Les galettes congelées

La béchamel congelée

30 g de gruyère

1 Préchauffez le four à 220 °C (th. 7-8).

2 Décongelez les galettes et la béchamel au four à micro-ondes.

3 Versez la béchamel sur les galettes, parsemez le gruyère râpé et enfournez 15 minutes.

Semaine 2

Dimanche *Wraps à la mexicaine*

Lundi *Sauté de pâtes aux brocolis et cabillaud*

Mardi *Salade de quinoa à la dinde*

Mercredi *Chili con carne*

Jeudi *Sauté de dinde aigre doux*

Vendredi *Parmentier de patates douces aux haricots rouges*

Liste de courses

Viande/poisson :

- ✔ 700 g de steak haché
- ✔ 4 pavés de cabillaud de 150 g soit 600 g
- ✔ 600 g de filets de dinde

Fruits/légumes :

- ✔ 2 avocats
- ✔ 1,5 kg de tomates
- ✔ 1 concombre pépino
- ✔ 3 oignons
- ✔ 2 gousses d'ail
- ✔ 1 poivron jaune
- ✔ 1 poivron rouge
- ✔ 2 tiges d'origan
- ✔ 2 tiges de menthe
- ✔ 2 branches de thym frais
- ✔ 2 pieds de brocoli (400 g de brocolis)
- ✔ 1 kg de patate douce
- ✔ 2 cuil. à soupe de jus de citron

Crèmerie :

- ✔ 12 cl de lait
- ✔ 30 g de beurre
- ✔ 100 g de gruyère râpé
- ✔ 120 g de yaourt à la grecque
- ✔ 60 g de feta

Épicerie :

- ✔ 4 wraps
- ✔ 300 g de nouilles chinoises
- ✔ 1 kg de haricots rouges égouttés
- ✔ 360 g de riz
- ✔ 200 g de maïs égoutté
- ✔ 120 g de quinoa
- ✔ Mélange d'épices à chili
- ✔ 20 cl de bouillon de bœuf
- ✔ 6 cuil. à soupe de sauce aigre douce
- ✔ Des graines de sésame (facultatif)

Placard de base :

- ✔ 5 cuil. à soupe d'huile d'olive
- ✔ 6 cuil. à soupe d'huile neutre
- ✔ 1 cuil. à café de vinaigre de cidre
- ✔ 1 cuil. à soupe de miel liquide
- ✔ 3 cuil. à soupe de sauce soja
- ✔ 1 cube de bouillon de volaille
- ✔ Sel et poivre

2 h pour préparer 6 recettes

dont le plat du dimanche

La patate douce

→ Faites bouillir de l'eau salée dans une casserole. Épluchez la patate douce, coupez-la en gros cubes et faites cuire une douzaine de minutes dans l'eau bouillante puis égouttez-les.

La sauce tomate

→ Coupez 1 kg de tomates en cubes. Pelez et coupez en morceaux 1 oignon et 1 gousse d'ail. Placez l'oignon et l'ail dans le bol d'un mixeur avec le thym et mixez. Dans une grande casserole, chauffez 2 cuillerées à soupe d'huile d'olive pour y faire revenir l'oignon, l'ail et le thym mixés 3 minutes en remuant de temps en temps. Ajoutez les cubes de tomate, salez, poivrez et laissez cuire une dizaine de minutes.

Les poivrons

→ Épépinez et coupez les poivrons en cubes, pelez et coupez 1 oignon en dés. Faites chauffer 1 cuillerée à soupe d'huile neutre dans une grande poêle et faites-y revenir l'oignon et les poivrons 5 minutes en remuant de temps en temps. Réservez-en 2/3 au congélateur pour le *Sauté de dinde aigre doux* de jeudi.

L'oignon et le steak haché

→ Pelez et coupez en morceaux l'oignon restant. Placez-le dans le bol d'un mixeur avec l'origan et mixez rapidement. Faites revenir 2 minutes sur feu vif l'oignon à l'origan avec 1 cuillerée à soupe d'huile neutre dans la même poêle. Émiettez le steak haché dans la poêle, remuez et laissez dorer 3 minutes.

Les haricots rouges

→ Versez 1/3 de la sauce tomate dans une petite casserole avec 400 g de haricots rouges et laissez mijoter une dizaine de minutes sur feu doux en remuant de temps en temps.

Le chili

Prélevez la moitié de la viande hachée pour le chili et versez-la dans la grande casserole de sauce tomate. Ajoutez 1/3 des poivrons, le bouillon de bœuf, 500 g de haricots rouges égouttés et 1 cuillerée à café d'épices à chili, mélangez et laissez cuire une dizaine de minutes. Laissez refroidir et congelez pour le *Chili con carne* de mercredi.

→ Laissez le reste de viande dorée dans la poêle pour les wraps.

Le Parmentier

→ Faites fondre le beurre au four à micro-ondes. Mixez les cubes de patate douce avec le beurre fondu et le lait, salez et poivrez. Déposez les haricots rouges à la tomate au fond d'un plat à gratin, parsemez 20 g de gruyère râpé et étalez la purée de patates douces. Fermez le plat et rangez-le au congélateur.

La salade de quinoa

→ Faites cuire le quinoa dans une casserole d'eau bouillante salée le temps indiqué sur l'emballage puis égouttez-le bien. Réservez-le au réfrigérateur quand il a refroidi.

La vinaigrette

→ Versez dans un petit pot 3 cuillerées à soupe d'huile d'olive et 1 cuillerée à soupe de jus de citron, salez, poivrez et fermez le pot.

Les brocolis

→ Détaillez les brocolis en petits bouquets. Dans une grande casserole d'eau bouillante salée, faites cuire les brocolis 2 minutes puis passez-les sous l'eau froide et égouttez-les bien. Séparez-les en deux parts. Placez la moitié au réfrigérateur pour la recette de lundi, le *Sauté de pâtes aux brocolis et cabillaud* et l'autre moitié au congélateur pour la recette de jeudi, le *Sauté de dinde aigre* doux.

Le cabillaud

→ Dans une casserole d'eau bouillante, plongez le cabillaud, coupez le feu et laissez refroidir. Placez-le dans une boîte hermétique couvert de bouillon et rangez au réfrigérateur pour le *Sauté de pâtes aux brocolis et cabillaud* de lundi.

Les filets de dinde

→ Versez dans une casserole 1,5 l d'eau froide, le cube de bouillon de volaille et les filets de dinde. Portez à ébullition et laissez cuire 1 minute, puis coupez le feu et laissez refroidir. Placez 2/3 de la dinde dans une boîte hermétique et le reste dans une autre, couvrez-les d'un peu de bouillon filtré et fermez. Congelez les 2/3 des filets de dinde pour le *Sauté de dinde aigre doux* de jeudi et rangez l'autre tiers au réfrigérateur pour la *Salade de quinoa* de mardi.

Le riz

→ Filtrez le bouillon restant et faites cuire le riz dedans, le temps indiqué sur l'emballage, en ajoutant de l'eau si nécessaire. Laissez-le refroidir puis congelez-le pour le *Sauté de dinde aigre doux*.

La sauce du sauté de pâtes

→ Coupez 1 gousse d'ail en deux. Placez-la dans un petit pot. Ajoutez la sauce soja, le miel liquide et le vinaigre de cidre. Fermez le pot et secouez-le.

Les wraps

→ Préparez la sauce. Versez dans un bol le yaourt, la feta émiettée et 1 cuillerée à soupe de jus de citron, salez, poivrez et mélangez rapidement. Coupez le concombre en demi-rondelles et 250 g de tomates en petits quartiers. Passez chaque wrap dans une poêle chaude sur feu vif 3 minutes en les retournant à mi-cuisson. Étalez une couche de sauce au yaourt. Répartissez la viande et les poivrons. Ajoutez le concombre, les tomates et la menthe puis roulez les wraps pour les refermer.

À ce stade, les Wraps à la mexicaine sont prêts.

Dimanche
Wraps à la mexicaine

Lundi

Sauté de pâtes aux brocolis et cabillaud

Préparation : 5 min

Cuisson : 15 min

Ingrédients pour le Jour J

4 pavés cuits de cabillaud

Brocolis cuits

Sauce sucrée au soja

300 g de nouilles chinoises

2 cuil. à soupe d'huile neutre

Sel

1 Faites cuire les pâtes dans une casserole d'eau salée bouillante en suivant les indications portées sur l'emballage. Comptez environ 5 minutes. Puis égouttez-les bien.

2 Égouttez le poisson de son bouillon.

3 Faites chauffer l'huile neutre dans une grande poêle et faites dorer les pavés de cabillaud de 2 à 3 minutes de chaque côté sur feu moyen puis réservez le poisson au chaud.

4 Ajoutez les bouquets de brocoli et les pâtes dans la poêle sur feu vif. Versez la moitié de la sauce sucrée au soja et laissez revenir 3 minutes.

5 Servez en déposant les pavés de cabillaud par-dessus accompagnés de la sauce restante.

Mardi

Salade de quinoa à la dinde

Préparation : 10 min

Ingrédients pour le Jour J

200 g de filets cuits de dinde

Le quinoa cuit

La vinaigrette

1 avocat

250 g de tomates

140 g de maïs égoutté

100 g de haricots rouges égouttés

1 Égouttez les filets de dinde et coupez-les en fines lamelles.

2 Coupez les tomates en quartiers et l'avocat en petits dés.

3 Mélangez le quinoa, le maïs, les haricots rouges, les quartiers de tomate et les dés d'avocat dans un saladier. Ajoutez les lamelles de dinde et assaisonnez de vinaigrette.

Chili con carne

1 Décongelez le chili con carne au four à micro-ondes.

2 Ajoutez le maïs égoutté et réchauffez le tout une dizaine de minutes sur feu doux en mélangeant régulièrement.

3 Coupez l'avocat en deux puis en tranches et déposez-les sur les assiettes au moment de servir.

Mercredi

Préparation : 5 min

Cuisson : 10 min + décongélation

Ingrédients pour le Jour J

Le chili con carne congelé

1 avocat

60 g de maïs égoutté

Jeudi

Sauté de dinde aigre doux

Préparation : 5 min

Cuisson : 6 min + décongélation

Ingrédients pour le Jour J

400 g de filets cuits de dinde

Les poivrons congelés

Les brocolis congelés

Le riz cuit et congelé

6 cuil. à soupe de sauce aigre douce

2 cuil. à soupe d'huile neutre

Des graines de sésame (facultatif)

1 **Décongelez** les filets de dinde, les poivrons et les brocolis.

2 **Décongelez** et réchauffez le riz au four à micro-ondes.

3 **Coupez** les filets de dinde en gros cubes.

4 **Dans une poêle** sur feu vif, faites chauffer l'huile neutre et faites revenir 3 minutes les cubes de dinde en remuant de temps en temps. Ajoutez les poivrons, les brocolis et la sauce aigre douce et laissez cuire encore 3 minutes en remuant.

5 **Servez** le riz avec la dinde aux légumes et à la sauce aigre douce en parsemant quelques graines de sésame.

Vendredi

Parmentier de patates douces aux haricots rouges

Préparation : 3 min

Cuisson : 12 min + décongélation

Ingrédients pour le Jour J

Le Parmentier de patates douces aux haricots rouges congelé

40 g de gruyère râpé

1 Préchauffez le four à 180 °C (th. 6).

2 Décongelez le Parmentier de patates douces aux haricots rouges au four à micro-ondes.

3 Parsemez le gruyère râpé par-dessus puis enfournez-le une douzaine de minutes.

Semaine 3

Dimanche *Soupe de poisson*

Lundi *Cake carottes-pommes de terre*

Mardi *Salade César*

Mercredi *Kedgeree*

Jeudi *Soupe paysanne*

Vendredi *Poulet sauté aux poireaux*

Liste de courses

Viande/poisson :

- ✔ 900 g de cabillaud
- ✔ 6 tranches de poitrine fumée
- ✔ 400 g de moules
- ✔ 6 filets de poulet
- ✔ 100 g de tranches de coppa

Fruits/légumes :

- ✔ 700 g de pommes de terre
- ✔ 4 poireaux moyens
- ✔ 400 g de carottes
- ✔ 6 oignons nouveaux
- ✔ 6 tiges de persil
- ✔ 2 cuil. à soupe de jus de citron
- ✔ 12 radis
- ✔ 4 petites sucrines
- ✔ 30 g de tomates cerises
- ✔ 1 gousse d'ail écrasée
- ✔ 1 salade iceberg

Crèmerie :

- ✔ 55 cl de crème liquide
- ✔ 30 cl de lait
- ✔ 8 œufs
- ✔ 15 g de beurre
- ✔ 20 g de parmesan râpé
- ✔ 10 g de copeaux de parmesan

Épicerie :

- ✔ 15 g d'amandes
- ✔ 15 g de noisettes
- ✔ 40 g de croûtons à l'ail
- ✔ 480 g de riz
- ✔ 500 g de haricots blancs égouttés

Placard de base :

- ✔ 4 feuilles de laurier
- ✔ 1 cube de bouillon de volaille
- ✔ 180 g de farine
- ✔ 22 cl d'huile de tournesol
- ✔ 3 cuil. à soupe d'huile d'olive
- ✔ 1 sachet de levure chimique
- ✔ 1 cuil. à café de moutarde
- ✔ 1 cuil. à café de curry en poudre
- ✔ 2 cuil. à soupe de pistaches hachées
- ✔ Sel et poivre

2 h pour préparer 6 recettes

dont le plat du dimanche

Les filets de poulet

→ Versez dans une casserole 2 litres d'eau froide, le cube de bouillon de volaille et les filets de poulet. Portez à ébullition et laissez cuire 1 minute, puis coupez le feu et laissez refroidir. Réservez 2 filets de poulet au réfrigérateur pour la *Salade césar* de mardi et congelez les 4 filets restants avec 1 louche du bouillon de cuisson.

La poitrine fumée

→ Dans une autre casserole, versez 2 litres d'eau froide, ajoutez les tranches de poitrine fumée et 2 feuilles de laurier et portez à ébullition. Laissez cuire 3 minutes puis retirez-les du feu à l'aide d'une écumoire. Réservez les feuilles de laurier pour la *Soupe de poisson*. Déposez 4 tranches dans une boîte hermétique, couvrez de bouillon de cuisson et fermez la boîte. Une fois refroidi, rangez au congélateur pour la *Soupe paysanne* de jeudi. Taillez les 2 autres tranches en lardons pour la *Soupe de poisson*.

Le cabillaud

→ Placez le cabillaud dans l'eau bouillante de cuisson de la poitrine, coupez le feu et laissez refroidir. Congelez la moitié du cabillaud pour le *Kedgeree* de mercredi puis réservez le reste de cabillaud et le bouillon.

Les légumes

→ Épluchez les légumes.

→ Coupez les pommes de terre en demi-rondelles. Faites-les cuire 10 minutes dans une casserole d'eau bouillante salée. Prélevez 100 g de pommes de terre pour le cake.

→ Coupez les poireaux en rondelles.

→ Coupez les carottes en rondelles.

→ Dans une casserole d'eau bouillante salée, faites cuire les poireaux 3 minutes puis sortez-les à l'aide d'une écumoire. Congelez la moitié des poireaux pour le *Poulet sauté aux poireaux* de vendredi, congelez séparément 1/4 des poireaux pour la *Soupe paysanne* de jeudi et réservez le quart restant.

→ Faites cuire alors les carottes dans la même eau pendant 3 minutes. Congelez 3/4 des carottes pour la *Soupe paysanne* de jeudi et réservez le quart restant pour faire le *Cake*.

Le riz

→ Faites cuire le riz dans une grande casserole d'eau salée bouillante le temps indiqué sur l'emballage. Laissez-le refroidir, séparez-le en deux parts égales et congelez pour le *Kedgeree* de mercredi et le *Poulet sauté aux poireaux* de vendredi.

Le cake

→ Préchauffez le four à 160° C (th. 5-6).

→ Coupez 2 oignons nouveaux en quatre. Placez-les dans le bol d'un mixeur avec les tiges de persil et mixez. Ajoutez les carottes réservées et 100 g de pommes de terre et mixez de nouveau rapidement.

→ Préparez le cake. Dans un saladier, mélangez 10 cl de lait, 12 cl d'huile de tournesol et 3 œufs, incorporez 180 g de farine et 15 g de levure pour avoir une pâte bien lisse. Ajoutez le contenu du mixeur, salez, poivrez et mélangez rapidement. Versez la pâte dans un moule à cake de 25 cm sur 12, beurré et fariné. Enfournez le cake 50 minutes. Réservez-le au réfrigérateur pour le lundi.

Les œufs

→ Faites cuire 4 œufs 10 minutes dans une petite casserole d'eau bouillante. Réservez-les au réfrigérateur pour la *Salade César*.

La sauce de la salade César

→ Mixez au mixeur plongeant 1 œuf, la gousse d'ail écrasée, la moutarde, 10 cl d'huile de tournesol. Ajoutez 5 cl de crème liquide, mélangez. Versez 1 cuillerée à soupe de jus de citron, le parmesan râpé, mélangez et conservez dans un petit pot fermé.

La soupe de poisson

→ Faites dorer les lardons 3 minutes dans une poêle sur feu vif en remuant. Ajoutez les moules, laissez cuire 3 minutes. Ajoutez les poireaux restants (1/4), les pommes de terre, la moitié restante de cabillaud, les feuilles de laurier et mélangez. Versez 20 cl de crème liquide, 20 cl de lait et 4 louches de bouillon de cuisson de la poitrine fumée, poivrez et laissez cuire 3 minutes de plus.

À ce stade, la Soupe de poisson est prête.

Dimanche

Soupe de poisson

Lundi

Cake carottes-pommes de terre

Préparation : 10 min

Ingrédients pour le Jour J

Le cake

15 g d'amandes

15 g de noisettes

12 radis

1 salade iceberg émincée

1 cuil. à soupe de jus de citron

3 cuil. à soupe d'huile d'olive

Sel et poivre

1 Coupez les radis en deux.

2 Hachez grossièrement les noisettes et les amandes. Mélangez la salade, les radis, les amandes et les noisettes, versez l'huile d'olive et le jus de citron, salez, poivrez et mélangez.

3 Servez la salade accompagnée du cake coupé en tranches.

Salade César

1 Décongelez le poulet et découpez-le en tranches fines.

2 Effeuillez les sucrines, coupez les tomates cerises en deux et hachez grossièrement les croûtons.

3 Déposez 1 cuillerée à soupe de sauce dans le fond de chaque assiette, puis les feuilles de sucrine, les tranches de poulet, les tomates et les croûtons, parsemez les copeaux de parmesan et le reste de sauce.

Mardi

Préparation : 10 min

Décongélation

Ingrédients pour le Jour J

2 filets cuits de poulet (300 g)

4 petites sucrines

40 g de croûtons à l'ail

10 g de copeaux de parmesan

30 g de tomates cerises

Le pot de sauce

Mercredi

Préparation : 5 min

Cuisson : 10 min + décongélation

Décongélation :

Ingrédients pour le Jour J

450 g de cabillaud congelé

240 g de riz cuit

4 œufs durs

4 oignons nouveaux

10 cl de crème liquide

15 g de beurre

1 cuil. à café de curry en poudre

2 cuil. à soupe de pistaches hachées

Sel, poivre

Kedgeree

1 **Décongelez** le riz et le cabillaud. Écalez les œufs et coupez-les en quatre.

2 **Émincez** les oignons nouveaux.

3 **Dans une poêle,** sur feu vif, faites fondre le beurre, ajoutez les oignons et faites-les revenir 3 minutes. Ajoutez le riz, mélangez et poursuivez la cuisson 1 minute.

4 **Émiettez** grossièrement le cabillaud au-dessus de la poêle, ajoutez la crème, le curry, salez, poivrez et poursuivez la cuisson 3 minutes puis servez. Ajoutez les œufs et saupoudrez les pistaches hachées.

Jeudi

Soupe paysanne

Préparation : 5 min

Cuisson : 10 min + décongélation

Ingrédients pour le Jour J

4 tranches de poitrine fumée congelées

1 poireau coupé et congelé

Les carottes cuites congelées

500 g de haricots blancs égouttés

60 cl du bouillon de cuisson du lard

2 feuilles de laurier

Sel et poivre

1 Décongelez les tranches de lard, le poireau et les carottes.

2 Faites revenir les tranches de lard de chaque côté dans une sauteuse sur feu vif 3 minutes en les retournant à mi-cuisson. Ajoutez le poireau et les carottes, mélangez et laissez cuire 1 minute. Ajoutez les haricots égouttés, le bouillon et les feuilles de laurier.

3 Portez à ébullition, baissez le feu, salez, poivrez et laissez mijoter 5 minutes.

Vendredi

Poulet sauté aux poireaux

Préparation : 5 min

Cuisson : 5 min + décongélation

Ingrédients pour le Jour J

2 poireaux congelés

4 filets de poulet et 1 louche de bouillon congelés

240 g de riz congelé

20 cl de crème liquide

100 g de tranches de coppa

1 Décongelez le poulet avec le bouillon, les poireaux et le riz.

2 Coupez le poulet en cubes.

3 Dans une poêle, faites revenir les cubes de poulet avec les tranches de coppa 2 minutes sur feu vif en mélangeant de temps en temps.

4 Ajoutez les poireaux, la crème et le bouillon et poursuivez la cuisson 3 minutes en mélangeant régulièrement.

5 Réchauffez le riz au four à micro-ondes, puis servez-le sur les assiettes et déposez la garniture par-dessus.

Semaine 4

Dimanche ***Tourte aux courgettes, blettes et ricotta***

Lundi ***Poulet basquaise***

Mardi ***Courgettes farcies aux merguez***

Mercredi ***Tagliatelles, blettes et filets de sole***

Jeudi ***Poulet aux haricots verts***

Vendredi ***Chakchouka œufs et merguez***

Liste de courses

Viande/poisson :

- ✔ 8 hauts de cuisses de poulet
- ✔ 480 g de merguez
- ✔ 8 filets de sole

Fruits/légumes :

- ✔ 500 g de blettes
- ✔ 250 g de courgettes
- ✔ 4 courgettes rondes
- ✔ 3 gousses d'ail
- ✔ 2 poivrons rouges
- ✔ 2 poivrons jaunes
- ✔ 3 oignons
- ✔ 1 aubergine
- ✔ 1 kg de tomates
- ✔ 4 tiges de basilic
- ✔ 3 branches de thym
- ✔ 450 g de haricots verts

Crèmerie :

- ✔ 250 g de ricotta
- ✔ 30 g de parmesan râpé
- ✔ 15 g de beurre
- ✔ 6 œufs
- ✔ 4 cuil. à soupe de copeaux de parmesan

Épicerie :

- ✔ 10 feuilles de brick
- ✔ 240 g de riz
- ✔ 300 g de graines à couscous fines
- ✔ 320 g de tagliatelles
- ✔ 1/2 cuil. à café de coriandre en grain (facultatif)

Placard de base :

- ✔ 10 cuil. à soupe d'huile d'olive
- ✔ 2 pincées de piment d'Espelette
- ✔ 1 cube de bouillon de volaille
- ✔ Sel et poivre

2 h pour préparer 6 recettes

dont le plat du dimanche

Les légumes

→ Coupez les courgettes en quatre dans le sens de la longueur puis en tranches fines.

→ Émincez finement les blettes puis congelez 200 g des parties vertes pour les *Tagliatelles, blettes et filets de sole* de mercredi. Versez le reste des blettes dans une grande sauteuse avec 2 cuillerées à soupe d'huile d'olive et les courgettes en tranches. Ajoutez 1 gousse d'ail passée au presse-ail, salez et poivrez. Faites sauter 5 minutes en mélangeant régulièrement, versez dans un saladier et laissez refroidir.

→ Coupez séparément les poivrons, l'aubergine et les tomates en cubes. Épluchez les oignons et coupez-les en cubes. Dans la même sauteuse, versez 1 cuillerée à soupe d'huile d'olive, ajoutez 2 gousses d'ail passées au presse-ail et les poivrons. Faites revenir 5 minutes sur feu moyen. Séparez les poivrons en deux parts égales dans deux saladiers pour le *Poulet basquaise* et la *Chakchouka*.

→ Placez l'aubergine dans la sauteuse, versez 1 cuillerée à soupe d'huile d'olive et faites-la revenir sur feu moyen pendant 5 minutes. Versez les cubes d'aubergine alors dans un saladier avec la moitié des poivrons.

→ Faites revenir les oignons dans la sauteuse sur feu moyen pendant 3 minutes avec 1 cuillerée à soupe d'huile d'olive. Ajoutez les tomates et les branches de thym et laissez cuire une dizaine de minutes. Partagez les tomates en trois parts égales. Congelez-en 1/3 pour la recette de *Poulet aux haricots verts* de jeudi. Mélangez-en 1/3 dans le saladier avec la moitié des poivrons pour le *Poulet basquaise* de lundi et réservez-les au réfrigérateur. Et ajoutez le tiers restant dans le saladier avec le reste des poivrons et les aubergines pour la *Chakchouka*.

Les merguez

→ Coupez la moitié des merguez en petits tronçons. Faites-les revenir sans matière grasse dans une poêle 3 ou 4 minutes sur feu vif. Ajoutez-les au mélange de légumes pour la *Chakchouka*, laissez refroidir et congelez.

Les hauts de cuisses

→ Désossez les hauts de cuisses de poulet et ficelez-les (facultatif). Déposez-les dans une casserole avec le cube de bouillon de volaille, couvrez d'eau froide et portez à ébullition. Baissez le feu et laissez frémir 10 minutes puis coupez le feu et laissez refroidir. Réservez 4 hauts de cuisses au réfrigérateur pour le *Poulet basquaise* de lundi et congelez les 4 autres pour le *Poulet aux haricots verts* de jeudi.

Le riz

→ Dans une casserole d'eau bouillante salée, faites cuire le riz le temps indiqué sur l'emballage puis égouttez-le et réservez-le au réfrigérateur pour le *Poulet basquaise* de lundi.

Les haricots verts

→ Dans une autre casserole d'eau bouillante salée, plongez les haricots verts 3 minutes puis égouttez-les. Quand ils sont froids, congelez-les pour le *Poulet aux haricots verts* de jeudi.

Les courgettes rondes

→ Préchauffez le four à 180 °C (th. 6).

→ Préparez les graines de couscous en suivant les indications portées sur l'emballage. Coupez le chapeau des courgettes rondes et videz la chair à l'aide d'une petite cuillère. Enlevez la peau des merguez restantes. Mettez 100 g de chair de courgette et la chair des merguez dans le bol d'un mixeur et mixez. Incorporez alors 4 cuillerées à soupe de couscous cuit et farcissez-en les courgettes rondes. Enfournez pendant 20 minutes. Réservez le couscous restant pour le servir avec les courgettes.

Les filets de sole

→ Roulez les filets de sole sur eux-mêmes et ficelez-les. Plongez-les 3 minutes dans une casserole d'eau bouillante salée. Égouttez-les et emballez-les dans du film alimentaire, puis congelez-les pour les *Tagliatelles, blettes et filets de sole* de mercredi.

La tourte

→ Dans le saladier des courgettes aux blettes, ajoutez 2 œufs, la ricotta et le parmesan râpé et mélangez le tout. À l'aide d'un pinceau, badigeonnez les feuilles de brick avec 3 cuillerées à soupe d'huile d'olive. Déposez-en 5 dans un plat, versez par-dessus le contenu du saladier et déposez les feuilles de brick restantes. Enfournez pendant 30 minutes.

À ce stade, la tourte aux courgettes blettes et ricotta est prête.

Dimanche

Tourte aux courgettes, blettes et ricotta

Lundi

Préparation : 2 min

Cuisson : 10 min

Ingrédients pour le Jour J

4 hauts de cuisses

Les légumes cuits

2 tiges de basilic effeuillées

Le riz cuit

2 pincées de piment d'Espelette

1 cuil. à soupe d'huile d'olive

Poulet basquaise

1 Faites dorer de tous côtés les hauts de cuisses de poulet dans une grande poêle sur feu vif avec l'huile d'olive pendant 5 minutes. Baissez le feu, ajoutez les légumes et le piment d'Espelette et laissez cuire 5 minutes à couvert en mélangeant de temps en temps.

2 Réchauffez le riz au four à micro-ondes.

3 Répartissez le riz dans les assiettes, déposez les hauts de cuisses de poulet et les légumes puis les feuilles de basilic.

Courgettes farcies aux merguez

1 Préchauffez le four à 180 °C (th. 6).

2 Décongelez la semoule et les courgettes farcies.

3 Étalez la semoule dans le fond d'un plat à gratin, déposez les courgettes farcies par-dessus et enfournez pendant 12 minutes.

Mardi

Préparation : 1 min

Cuisson : 12 min

Décongélation :

Ingrédients pour le Jour J

Les courgettes farcies congelées

Le couscous congelé

Mercredi

Tagliatelles, blettes et filets de sole

Préparation : 2 min

Cuisson : 12 min
+ décongélation

Ingrédients pour le Jour J

8 filets de sole congelés

Le vert des blettes congelé

320 g de tagliatelles

15 g de beurre

4 cuil. à soupe de copeaux de parmesan

Sel et poivre

1 **Faites cuire** les tagliatelles dans une grande casserole d'eau salée selon les indications portées sur l'emballage, puis égouttez-les.

2 **Pendant ce temps,** décongelez les filets de sole et le vert des blettes.

3 **Faites fondre** le beurre dans une grande poêle, faites dorer les filets de sole 3 minutes et réservez-les.

4 **Déposez** dans la poêle le vert des blettes et les tagliatelles, salez légèrement, poivrez et mélangez le tout.

5 **Répartissez** les tagliatelles dans les assiettes, déposez les filets de sole et parsemez les copeaux de parmesan.

Jeudi

Poulet haricots verts et sauce tomate

Préparation : 2 min

Cuisson : 10 min + décongélation

Ingrédients pour le Jour J

4 hauts de cuisses de poulet congelés

Les haricots verts congelés

Tomates et oignons congelés

2 tiges de basilic effeuillées

1 cuil. à soupe d'huile d'olive

Sel et poivre

1 Décongelez les hauts de cuisses de poulet, les haricots verts et le mélange tomates/oignons.

2 Faites dorer de tous côtés les hauts de cuisses de poulet dans une grande poêle sur feu vif avec l'huile d'olive pendant 5 minutes puis réservez-les. Baissez le feu, versez dans la poêle le mélange tomates/oignons et les haricots verts, salez, poivrez, mélangez et laissez cuire 5 minutes à couvert.

3 Répartissez les légumes dans les assiettes, déposez le poulet et parsemez les feuilles de basilic.

Vendredi

Chakchouka œufs et merguez

Préparation : 3 min

Cuisson : 10 min + décongélation

Ingrédients pour le Jour J

Les merguez et les légumes congelés

4 œufs

1/2 cuil. à café de coriandre en grain (facultatif)

1 Décongelez les légumes et les merguez.

2 Dans une grande poêle, faites réchauffer les légumes et les merguez en mélangeant de temps en temps. À l'aide d'une cuillère, creusez quatre espaces pour y déposer les œufs et faites cuire à couvert durant 5 minutes sur feu moyen. Concassez la coriandre en grain et saupoudrez sur les assiettes (facultatif).

Semaine 5

Dimanche *Pot-au-feu au chou*
Lundi *Miroton*
Mardi *Sauté de courge quinoa et feta*
Mercredi *Soupe japonaise aux ramen*
Jeudi *Purée de courge aux saint-jacques*
Vendredi *Empanadas*

Liste de courses

Viande/poisson :

- ✔ 3 kg de viande à pot-au-feu (gîte, macreuse et plat de côte)
- ✔ 4 os à moelle
- ✔ 12 noix de saint-jacques surgelées

Fruits/légumes :

- ✔ 500 g de carottes
- ✔ 2 poireaux
- ✔ 1/2 chou vert
- ✔ 2 oignons
- ✔ 1 bouquet garni
- ✔ 900 g de petites pommes de terre nouvelles
- ✔ 12 oignons nouveaux
- ✔ 2 gousses d'ail
- ✔ 1 bouquet de persil
- ✔ 1,6 kg de potiron
- ✔ 80 g de pousses de soja
- ✔ 4 poignées de mesclun
- ✔ 3 cuil. à soupe de jus de citron

Crèmerie :

- ✔ 70 g de beurre
- ✔ 160 g de feta
- ✔ 4 œufs + 1 jaune d'œuf
- ✔ 35 cl de lait

Épicerie :

- ✔ 4 cornichons
- ✔ 480 g de quinoa
- ✔ 60 g de croûtons
- ✔ 240 g de nouilles soba
- ✔ 120 g de tofu soyeux
- ✔ Sauce soja pour servir
- ✔ 30 g de noisettes
- ✔ 2 pâtes brisées

Placard de base :

- ✔ 4 cuil. à soupe d'huile d'olive
- ✔ 6 grains de poivre
- ✔ 6 clous de girofle
- ✔ 1 pincée de noix de muscade en poudre
- ✔ 2 cuil. à café de moutarde à l'ancienne
- ✔ Sel et poivre

2 h pour préparer 6 recettes

dont le plat du dimanche

Le pot-au-feu

→ Dans une Cocotte-Minute, mettez la viande, les oignons, le bouquet garni, les grains de poivre et les clous de girofle, salez et couvrez de 2 litres d'eau froide. Fermez le couvercle de la cocotte, portez à ébullition puis baissez le feu et laissez cuire sous pression 30 minutes.

Épluchez et coupez les carottes en tronçons. Coupez les poireaux aussi en tronçons. Coupez le chou en quatre.

Le potiron

→ Coupez le potiron en cubes et faites-les cuire 10 minutes dans une casserole d'eau bouillante salée.

→ Égouttez les cubes de potiron, et séparez en deux parts égales. Réservez une part au réfrigérateur pour la recette de *Sauté de courge* de mardi. Et congelez l'autre part pour la *Purée de courge* de jeudi.

Les œufs

→ Faites durcir 4 œufs 10 minutes dans une petite casserole d'eau bouillante. Réservez-les au réfrigérateur.

Le quinoa

→ Faites cuire le quinoa en suivant les indications portées sur l'emballage. Égouttez-le puis réservez-le au réfrigérateur.

→ Dans la Cocotte-Minute, ajoutez les carottes, les pommes de terre, les poireaux, le chou et les os à moelle. Remettez la cocotte sous pression et laissez cuire 5 minutes.

Les oignons

→ Coupez les oignons nouveaux en deux et faites-les cuire 3 minutes dans une petite casserole d'eau bouillante. Laissez refroidir et réservez-les au réfrigérateur.

Les empanadas

→ Quand le pot-au-feu est cuit, prélevez pour les empanadas 120 g de viande, 60 g de carottes et 150 g de pommes de terre. Ajoutez 60 g de feta et la moutarde à l'ancienne et hachez grossièrement le tout.

→ Préchauffez le four à 180 °C (th. 6).

→ À l'aide d'un bol de 12 cm de diamètre découpez 4 disques dans chaque pâte brisée.

Déposez une portion de garniture, environ 2 cuillerées à soupe, sur la moitié d'un disque de pâte en évitant le bord. Refermez en repliant la pâte et scellez les bords à l'aide d'une fourchette. Faites de même pour les autres empanadas. Diluez le jaune d'œuf avec 1 cuillerée à soupe d'eau et badigeonnez les empanadas à l'aide d'un pinceau. Enfournez-les pendant 10 minutes. Laissez-les refroidir et congelez-les.

Le miroton

→ Prélevez les pommes de terre restantes et coupez-les en deux. Prélevez 480 g de viande et coupez-la en petits cubes. Réservez au réfrigérateur, la viande, les pommes de terre et les oignons.

La vinaigrette

→ Préparez la vinaigrette pour le vendredi en versant dans un petit pot 3 cuillerées à soupe d'huile d'olive, le jus de citron, le sel et le poivre. Fermez le pot et rangez-le au réfrigérateur.

→ Congelez 1 litre de bouillon de pot-au-feu pour la *Soupe japonaise* de mercredi.

À ce stade,
le pot-au-feu au chou est prêt.

Dimanche

Pot-au-feu au chou

Lundi

Miroton

Préparation : 5 min

Cuisson : 8 min

Ingrédients pour le Jour J

480 g de viande cuite du pot-au-feu

750 g de petites pommes de terre nouvelles cuites

12 oignons nouveaux cuits

4 cornichons

1 gousse d'ail

4 tiges de persil

20 g de beurre

1 Hachez le persil, coupez les cornichons en petits morceaux et passez l'ail au presse-ail.

2 Faites revenir dans le beurre sur feu vif les oignons nouveaux et les pommes de terre pendant 5 minutes. Ajoutez les cubes de viande, salez, poivrez et laissez dorer 3 minutes en remuant de temps en temps.

3 Répartissez dans les assiettes et parsemez par-dessus l'ail, le persil et les cornichons.

Sauté de courge quinoa et feta

1 Dans une grande sauteuse, chauffez l'huile d'olive sur feu vif et faites sauter les morceaux de potiron 5 minutes.

2 Pressez l'ail au presse-ail. Hachez le persil et émiettez grossièrement les croûtons.

3 Ajoutez le quinoa et l'ail, salez, poivrez, laissez cuire environ 3 minutes en mélangeant de temps en temps.

4 Ajoutez le persil, mélangez et répartissez dans les assiettes. Émiettez la feta par-dessus et parsemez les croûtons.

Mardi

Préparation : 5 min

Cuisson : 8 min

Ingrédients pour le Jour J

800 g de chair de potiron cuite

480 g de quinoa cuit

1 gousse d'ail

2 cuil. à soupe de persil

100 g de feta

60 g de croûtons

1 cuil. à soupe d'huile d'olive

Sel et poivre

Mercredi

Préparation : 5 min

Cuisson : 6 min + décongélation

Ingrédients pour le Jour J

1 litre du bouillon de pot-au-feu congelé

4 œufs durs

80 g de pousses de soja

240 g de nouilles soba

120 g de tofu soyeux

Sauce soja pour servir

Soupe japonaise aux ramen

1 **Décongelez** le litre de bouillon.

2 **Faites cuire** les nouilles soba dans le bouillon le temps indiqué sur l'emballage.

3 **Écalez** les œufs durs et coupez-les en 2.

4 **Coupez** le tofu en petits cubes.

5 **Répartissez** les pousses de soja dans les assiettes et couvrez avec les nouilles et le bouillon.

6 **Déposez** les œufs et les cubes de tofu puis servez accompagné de sauce soja.

Jeudi

Purée de courge aux saint-jacques

Préparation : 10 min

Cuisson : 5 min + décongélation

Ingrédients pour le Jour J

Le potiron congelé

12 noix de saint-jacques surgelées

30 g de beurre + 20 g pour les noix de saint-jacques

15 cl de lait + 20 cl pour les noix de saint-jacques

30 g de noisettes

1 pincée de noix de muscade en poudre

Sel et poivre

1 Décongelez les noix de saint-jacques dans 20 cl de lait et 20 cl d'eau tiède.

2 Hachez grossièrement les noisettes.

3 Décongelez puis chauffez le potiron au four à micro-ondes. Chauffez le reste de lait au four à micro-ondes.

4 Ajoutez au potiron 30 g de beurre, le lait, la noix de muscade, salez, poivrez et mixez le tout finement au mixeur plongeant.

5 Dans une poêle, faites fondre 20 g de beurre sur feu vif pour dorer les noix de saint-jacques 2 minutes de chaque côté, salez et poivrez.

6 Répartissez la purée dans les assiettes, déposez les noix de saint-jacques et parsemez les noisettes par-dessus.

Vendredi

Empanadas

Préparation : 2 min

Cuisson : 10 min

Ingrédients pour le Jour J

Les empanadas

La vinaigrette

4 poignées de mesclun

1 Décongelez les empanadas.

2 Préchauffez le four à 180 °C (th. 6). Enfournez les empanadas pendant 10 minutes.

3 Déposez le mesclun dans les assiettes, versez dessus la vinaigrette au citron. Déposez les empanadas.

Semaine 6

Dimanche *Paella au poisson*

Lundi *Quiche aux légumes*

Mardi *Pâtes aux crevettes*

Mercredi *Poulet sauté aux courgettes*

Jeudi *Riz cantonais*

Vendredi *Tomates farcies au poulet*

Liste de courses

Viande/poisson :

- ✔ 200 g de cabillaud
- ✔ 100 g de moules
- ✔ 100 g de calamars
- ✔ 100 g de chorizo
- ✔ 500 g de crevettes surgelées
- ✔ 6 filets de poulet
- ✔ 160 g de dés de jambon

Fruits/légumes :

- ✔ 150 g de haricots verts
- ✔ 250 g de petits pois
- ✔ 4 poignées de mesclun
- ✔ 400 g de tomates
- ✔ 8 tomates rondes
- ✔ 5 gousses d'ail
- ✔ 1 kg de courgettes
- ✔ 4 tiges d'estragon
- ✔ 2 tiges d'origan

Crèmerie :

- ✔ 200 g de crème fraîche épaisse
- ✔ 30 cl de crème liquide
- ✔ 90 g de fromage râpé
- ✔ 7 œufs
- ✔ Beurre

Épicerie :

- ✔ 480 g de riz long grain Oncle Ben's
- ✔ Une dizaine de filaments de safran
- ✔ 1 pâte brisée
- ✔ 240 g de pâtes de type farfalle
- ✔ 300 g de quinoa

Placard de base :

- ✔ 3 cuil. à soupe d'huile d'olive
- ✔ 3 cuil. à soupe d'huile neutre
- ✔ 1 cuil. à soupe de vinaigre
- ✔ 3 cuil. à café de moutarde à l'ancienne
- ✔ 1/4 de cuil. à café de piment d'Espelette
- ✔ 1 cube de bouillon de volaille
- ✔ Nuoc-mâm (facultatif)
- ✔ Farine
- ✔ Sel et poivre

2 h pour préparer 6 recettes

dont le plat du dimanche

Les légumes

→ Équeutez les haricots verts et coupez-les en deux. Coupez les courgettes en deux dans la longueur puis en tronçons.

→ Dans une casserole d'eau bouillante salée, plongez les haricots verts 3 minutes puis retirez-les à l'aide d'une écumoire. Plongez alors les petits pois 3 minutes dans l'eau bouillante puis retirez-les à l'aide d'une écumoire. Prélevez-en 100 g, égouttez-les et congelez-les.

Le riz

→ Faites cuire le riz *al dente* dans une casserole d'eau bouillante salée. Séparez en deux parts égales et congelez-en la moitié pour le *Riz cantonais*.

Le quinoa

→ Faites cuire le quinoa en suivant les indications portées sur l'emballage. Puis réservez 120 g de quinoa dans un saladier et congelez le reste.

Le poulet

→ Mettez le poulet et le bouillon cube dans une grande casserole avec 1,5 l d'eau froide. Portez à ébullition puis coupez le feu, ajoutez les courgettes et laissez refroidir. Prélevez 2 filets de poulet et 200 g de courgettes pour les *Tomates farcies* et égouttez-les.

Les tomates farcies

→ Préchauffez le four à 180 °C (th. 6). Coupez le chapeau des tomates rondes. Videz la chair à l'aide d'une petite cuillère et jetez les pépins. Égouttez la chair de tomate et les courgettes. Coupez les 2 filets de poulet en morceaux puis mixez-les. Ajoutez la chair de tomate et les courgettes égouttées, 1 gousse d'ail et mixez de nouveau.

→ Versez le mélange dans le saladier avec le quinoa, salez, poivrez et mélangez bien. Farcissez vos tomates avec ce mélange. Reposez le chapeau par-dessus, déposez-les dans un plat et enfournez 15 minutes. Laissez-les refroidir puis congelez-les.

Le poulet sauté

→ Égouttez les courgettes restantes et congelez-les. Congelez les filets de poulet restants en les couvrant du bouillon.

La sauce tomate

→ Coupez les tomates, passez les gousses d'ail restantes au presse-ail. Versez 1 cuillerée à soupe d'huile d'olive dans une sauteuse, chauffez sur feu moyen et ajoutez l'ail et la tomate. Ajoutez le piment d'Espelette, salez, poivrez et laissez cuire 10 minutes en remuant de temps en temps. Laissez refroidir puis rangez au réfrigérateur dans une boîte hermétique.

La quiche

→ Étalez la pâte dans un moule à tarte beurré et fariné et piquez-la à la fourchette.

→ Dans un saladier, fouettez la crème fraiche épaisse, le fromage râpé et 3 œufs, salez légèrement et poivrez. Ajoutez 100 g de haricots verts et 100 g de petits pois. Versez le tout sur la pâte et enfournez 30 minutes. Laissez refroidir et rangez au réfrigérateur.

La vinaigrette

→ Préparez la vinaigrette en versant dans un pot l'huile neutre, le vinaigre et 1 cuillerée à café de moutarde à l'ancienne, salez légèrement, mélangez et fermez le pot.

La paella

→ Coupez les calamars en rondelles. Décoquillez les moules. Coupez le chorizo en tranches. Coupez le cabillaud en morceaux.

→ Faites chauffer 1 cuillerée à soupe d'huile d'olive dans une grande poêle sur feu vif et faites revenir le poisson, le calamar et le chorizo 3 minutes. Chauffez 40 cl d'eau au four à micro-ondes avec les filaments de safran.

→ Ajoutez dans la poêle le riz pré-cuit, les petits pois et les haricots verts restants et les moules. Versez l'eau au safran, baissez sur feu moyen et laissez cuire 5 minutes à découvert en remuant de temps en temps.

À ce stade, la Paella au poisson est prête.

Dimanche

Paella au poisson

Lundi

Préparation : 2 min

Ingrédients pour le Jour J

La quiche

La vinaigrette

4 poignées de mesclun

Quiche aux légumes

1 Réchauffez la quiche au four à micro-ondes.

2 Secouez le pot pour mélanger la vinaigrette. Assaisonnez la salade, répartissez-la dans les assiettes et servez les parts de quiche.

Pâtes aux crevettes

1 Faites chauffer la sauce tomate au four à micro-ondes.

2 Faites cuire les pâtes dans une casserole d'eau salée bouillante en suivant les indications portées sur l'emballage. 3 minutes avant la fin de la cuisson, plongez les crevettes encore congelées, puis égouttez le tout.

3 Replacez les pâtes dans la casserole, versez la sauce tomate et mélangez. Parsemez d'origan.

Mardi

Préparation : 3 min

Cuisson : 10 min

Ingrédients pour le Jour J

La sauce tomate

300 g de crevettes surgelées

2 tiges d'origan effeuillées

240 g de pâtes de type farfalle

Mercredi

Poulet sauté aux courgettes

Préparation : 5 min

Cuisson : 3 min + décongélation

Ingrédients pour le Jour J

Les 4 filets de poulet congelés

800 g de courgettes congelées

4 tiges d'estragon

30 cl de crème liquide

2 cuil. à café de moutarde à l'ancienne

1 cuil. à soupe d'huile d'olive

Sel et poivre

1 **Décongelez** le poulet et les courgettes.

2 **Préparez** la sauce à la crème en mélangeant dans un petit bol la crème liquide et la moutarde.

3 **Coupez** le poulet en cubes.

4 **Dans une grande poêle,** faites chauffer l'huile et faites revenir le poulet et les courgettes sur feu vif pendant 3 minutes. Baissez le feu, versez la crème, salez poivrez et mélangez.

5 **Effeuillez** l'estragon.

6 **Servez** dans les assiettes et parsemez d'estragon.

Jeudi

Riz cantonais

Préparation : 5 min

Cuisson : 10 min + décongélation

Ingrédients pour le Jour J

Le riz congelé

200 g de crevettes crues surgelées

160 g de dés de jambon

Les petits pois congelés

4 œufs

Nuoc-mâm (facultatif)

Sel et poivre

1 **Décongelez** le riz et les petits pois.

2 **Dans une grande poêle,** versez le riz, les crevettes encore congelées et 20 cl d'eau et laissez cuire 3 minutes en remuant de temps en temps. Cassez les œufs dans un bol, salez légèrement et battez-les rapidement.

3 **Ajoutez** les petits pois et le jambon dans la poêle, mélangez puis poussez le tout d'un côté de la poêle. Versez les œufs battus dans la partie libre et faites-les prendre en mélangeant à la spatule puis incorporez-les au reste du riz. Ajustez en sel et en poivre.

4 **Servez** éventuellement accompagné de sauce nuoc-mâm.

Vendredi

Tomates farcies au poulet

Préparation : 2 min

Cuisson : 10 min
+ décongélation

Ingrédients pour le Jour J

Les tomates congelées

Le quinoa congelé

1 Préchauffez le four à 180 °C (th. 6).

2 Décongelez les tomates farcies et le quinoa.

3 Versez le quinoa dans un plat et déposez les tomates farcies.

4 Enfournez pendant 10 minutes.

Semaine 7

Dimanche ***Ragoût d'agneau à la marocaine***

Lundi ***Filets de daurade et purée de carottes***

Mardi ***Wraps d'agneau***

Mercredi ***Salade d'aubergine au boulgour***

Jeudi ***Poivrons farcis au boulgour***

Vendredi ***Pizza à la viande hachée***

Liste de courses

Viande/poisson :

- ✔ 1 kg d'épaule d'agneau
- ✔ 4 filets de daurade
- ✔ 450 g de steak haché

Fruits/légumes :

- ✔ 2 grosses aubergines
- ✔ 4 gros poivrons jaunes ou rouges
- ✔ 1,8 kg de pommes de terre à purée
- ✔ 9 carottes
- ✔ 140 g de petits pois
- ✔ 3 oignons
- ✔ 3 oignons nouveaux
- ✔ 7 gousses d'ail
- ✔ 8 tiges de persil
- ✔ 4 tiges de coriandre
- ✔ 1 sucrine
- ✔ Une vingtaine de tomates cerises
- ✔ 4 cuil. à soupe de graines de grenade
- ✔ 600 g de tomates
- ✔ 4 tiges de basilic
- ✔ 6 cuil. à soupe de jus de citron

Crèmerie :

- ✔ 15 cl de lait
- ✔ 40 g de beurre
- ✔ 8 cuil. à soupe de yaourt à la grecque
- ✔ 100 g de feta
- ✔ 3 boules de mozzarella

Épicerie :

- ✔ Une vingtaine d'olives vertes
- ✔ Une trentaine d'olives noires dénoyautées
- ✔ 2 cuil. à soupe d'amandes effilées dorées
- ✔ 4 wraps
- ✔ 800 g de boulgour
- ✔ 2 cuil. à soupe de pignons de pin
- ✔ 2 pâtes à pizza
- ✔ 4 cuil. à soupe de concentré de tomate

Placard de base :

- ✔ 1 cube de bouillon de légumes
- ✔ 1 cuil. à café de ras el-hanout
- ✔ 8 cuil. à soupe d'huile d'olive
- ✔ 1/2 cuil. à café d'épices mexicaines
- ✔ De l'huile pimentée (facultatif)
- ✔ 1/4 de cuil. à café de piment d'Espelette
- ✔ Sel et poivre
- ✔ Harissa (facultatif)

2 h pour préparer 6 recettes
dont le plat du dimanche

L'agneau

→ Coupez l'épaule d'agneau en cubes. Épluchez et émincez 2 oignons, coupez 2 gousses d'ail en deux.

Faites chauffer 2 cuillerées à soupe d'huile d'olive dans une cocotte et faites revenir les cubes d'agneau 3 minutes sur feu vif. Ajoutez l'ail et l'oignon émincé et faites revenir encore 2 minutes. Ajoutez le cube de bouillon de légumes et 1 litre d'eau, salez, poivrez, baissez le feu et laissez cuire 40 minutes à couvert.

→ Préchauffez le four à 180 °C (th. 6).

Les légumes

→ Épluchez et coupez les pommes de terre en gros morceaux et les carottes en tronçons. Faites cuire les carottes et les pommes de terre dans une grande casserole d'eau bouillante pendant 10 minutes.

→ Coupez les aubergines en cubes. Déposez-les sur une plaque de four couverte d'une feuille de papier cuisson, salez, arrosez d'1 filet d'huile d'olive et enfournez 15 minutes. Sortez du four, couvrez d'une feuille de papier d'aluminium et laissez refroidir.

→ Coupez en deux les oignons nouveaux et 3 gousses d'ail. Placez-les dans le bol d'un mixeur, ajoutez la coriandre et mixez finement. Mélangez aux aubergines et puis séparez 1/3 pour les *Wraps* de mardi et 2/3 pour la *Salade d'aubergine au boulgour* de mercredi et rangez le tout au réfrigérateur.

Les wraps

→ Prélevez 360 g d'agneau cuit, couvrez-le d'un peu de bouillon dans une boîte hermétique et rangez-le au réfrigérateur pour les *Wraps* de mardi.

→ À l'aide d'une écumoire prélevez 1/3 des carottes et la moitié des pommes de terre pour les ajouter dans la cocotte avec l'agneau.

La purée

→ Laissez cuire le reste de carottes et de pommes de terre encore 10 minutes pour la purée. Égouttez-les, replacez-les dans la casserole puis écrasez-les au presse-purée en incorporant le lait et 30 g de beurre. Salez et poivrez puis réservez dans une boîte hermétique au réfrigérateur.

Le boulgour

→ Faites cuire le boulgour en suivant les indications portées sur l'emballage. Puis réservez-en une moitié dans une boîte hermétique au réfrigérateur pour la *Salade d'aubergine au boulgour*.

La viande hachée à la sauce tomate

→ Préparez la sauce tomate. Coupez l'oignon restant en morceaux, coupez les gousses d'ail restantes en deux, coupez 4 tiges de persil et les tiges de basilic. Placez-les dans le bol d'un mixeur et mixez finement. Ajoutez les tomates coupées en morceaux et mixez de nouveau. Dans une grande poêle, faites revenir la viande hachée sur feu vif avec 1 cuillerée à soupe d'huile d'olive. Ajoutez la tomate mixée, 2 cuillerées à soupe de concentré de tomate, salez, poivrez, baissez le feu et laissez cuire sur feu moyen une quinzaine de minutes.

→ Mélangez-en la moitié avec le boulgour restant pour les *Poivrons farcis* de jeudi et congelez le reste pour la *Pizza* de vendredi.

Les poivrons farcis

→ Étêtez et videz les poivrons. Coupez 1 boule de mozzarella en tout petits dés. Dans un saladier, versez le boulgour à la viande et à la tomate, la mozzarella et le piment d'Espelette. Ajustez en sel et mélangez bien puis farcissez les poivrons et recouvrez du chapeau. Enfournez pendant 20 minutes à 180 °C (th. 6). Laissez refroidir et congelez pour les *Poivrons farcis au boulgour* de jeudi.

Le ragoût

→ Ajoutez les petits pois et les olives vertes dans la cocotte, le ras el-hanout, mélangez et laissez cuire encore une dizaine de minutes. Servez accompagné de harissa (facultatif).

À ce stade, le ragoût d'agneau à la marocaine est prêt.

Dimanche

Ragoût d'agneau à la marocaine

Lundi

Filets de daurade et purée de carottes

Préparation : 10 min

Cuisson : 5 min

Ingrédients pour le Jour J

4 filets de daurade

La purée de carottes et pommes de terre

4 tiges de persil

10 g de beurre

2 cuil. à soupe d'amandes effilées dorées

Sel et poivre

1 Réchauffez la purée au four à micro-ondes.

2 Hachez finement le persil. Mélangez dans un petit bol le persil haché et les amandes effilées. Salez et poivrez bien.

3 Faites fondre le beurre dans une poêle sur feu moyen et faites dorer les filets de daurade 3 minutes en les retournant à mi-cuisson.

4 Répartissez la purée dans les assiettes, déposez les filets de daurade et parsemez le persil et les amandes effilées.

Mardi

Wraps d'agneau

Préparation : 10 min

Cuisson : 10 min

Ingrédients pour le Jour J

360 g d'agneau cuit

4 wraps

L'aubergine cuite

1 sucrine

Une vingtaine de tomates cerises

Pour la sauce :

8 cuil. à soupe de yaourt à la grecque

4 cuil. à soupe d'huile d'olive

6 cuil. à soupe de jus de citron

1/2 cuil. à café d'épices mexicaines

Sel et poivre

1 Préparez la sauce en mélangeant dans un bol, le yaourt à la grecque, l'huile d'olive, le jus de citron, du sel et du poivre. Réservez la moitié de cette sauce dans un petit pot hermétique pour la *Salade d'aubergine au boulgour* de mercredi. Ajoutez dans la sauce les épices mexicaines.

2 Sortez l'aubergine et la viande du réfrigérateur. Retirez le bouillon de la viande.

3 Faites revenir la viande et l'aubergine dans une grande poêle sur feu moyen pendant 5 minutes en remuant de temps en temps.

4 Coupez la sucrine en tronçons et coupez les tomates cerises en deux.

5 Faites réchauffer les wraps dans une poêle 1 minute.

6 Déposez les tronçons de sucrine sur les wraps, répartissez la viande et l'aubergine et ajoutez les tomates.

7 Arrosez de sauce au yaourt et refermez les wraps.

Mercredi

Salade d'aubergine au boulgour

Préparation : 10 min

Ingrédients pour le Jour J

L'aubergine cuite

Le boulgour cuit

100 g de feta

2 cuil. à soupe de pignons de pin

4 cuil. à soupe de graines de grenade

La sauce au yaourt

1 Sortez le boulgour, l'aubergine du réfrigérateur et la sauce au yaourt.

2 Hachez grossièrement les pignons. Émiettez la feta.

3 Dans un saladier mélangez le boulgour, l'aubergine, la feta et les graines de grenade. Parsemez les pignons et versez la sauce au yaourt.

Poivrons farcis au boulgour

1 **Préchauffez** le four à 180 °C (th. 6).

2 **Décongelez** les poivrons farcis.

3 **Enfournez-les** pendant 10 minutes.

Jeudi

Préparation : 2 min

Cuisson : 10 min + décongélation

Ingrédients pour le Jour J

Les poivrons farcis congelés

Vendredi

Pizza à la viande hachée

Préparation : 10 min

Cuisson : 10 min + décongélation

Ingrédients pour le Jour J

La moitié de viande hachée à la tomate congelée

2 boules de mozzarella

2 pâtes à pizza

2 cuil. à soupe de concentré de tomate

Une trentaine d'olives noires dénoyautées

De l'huile pimentée (facultatif)

1 **Préchauffez** le four à 210 °C (th. 7) et décongelez la viande à la tomate.

2 **Coupez** les boules de mozzarella en tranches et pressez-les dans du papier absorbant.

3 **Étalez** les pâtes à pizza sur des plaques de four couvertes de papier de cuisson.

4 **Étalez** le concentré de tomate sur les pâtes, puis la viande à la tomate.

5 **Répartissez** par-dessus les tranches de mozzarella et les olives et enfournez pendant 10 minutes.

6 **Servez** accompagné d'huile pimentée.

Semaine 8

Dimanche *Osso-buco au risotto*

Lundi *Hachis Parmentier*

Mardi *Salade de thon à l'orange*

Mercredi *Chaussons farcis*

Jeudi *Arancini et salade*

Vendredi *Pâtes aux chipolatas*

Liste de courses

Viande/poisson :

- ✔ 1,6 kg de jarret de veau coupé en belles tranches épaisses
- ✔ 750 g de chipolatas

Fruits/légumes :

- ✔ 2 oignons
- ✔ 1 gousse d'ail
- ✔ 1 branche de céleri
- ✔ 4 carottes
- ✔ 2 feuilles de laurier
- ✔ 900 g de pommes de terre
- ✔ 3 brocolis
- ✔ 240 g de haricots verts
- ✔ 1 orange
- ✔ 1 sucrine
- ✔ Une quinzaine de tomates cerises
- ✔ 4 petites poignées de mesclun

Crèmerie :

- ✔ 50 g de beurre
- ✔ 60 g de parmesan râpé
- ✔ 30 g de copeaux de parmesan
- ✔ 30 g de gruyère râpé
- ✔ 20 cl de lait
- ✔ 1 jaune d'œuf + 2 œufs
- ✔ 12 billes de mozzarella

Épicerie :

- ✔ 1 boîte de tomates concassées (400 g)
- ✔ 20 cl de vin blanc
- ✔ 75 cl de bouillon de volaille
- ✔ 450 g de riz à risotto
- ✔ 1 pincée de filaments de safran
- ✔ 1 boîte de thon à l'huile d'olive de 200 g (130 g poids égoutté)
- ✔ 2 pâtes brisées
- ✔ 4 cuil. à soupe de chapelure
- ✔ Une vingtaine d'olives vertes
- ✔ 320 g de pâtes de type penne

Placard de base :

- ✔ 25 cl d'huile d'olive
- ✔ 2 cuil. à café de moutarde à l'ancienne
- ✔ 4 cuil. à soupe de farine
- ✔ 5 cl de vinaigre de cidre
- ✔ 1 cube de bouillon de légumes
- ✔ Sel et poivre

2 h pour préparer 6 recettes

dont le plat du dimanche

L'osso-buco

→ Épluchez et coupez 1 oignon et la gousse d'ail en petits cubes et les carottes en rondelles. Émincez la branche de céleri. Versez 1 cuillerée à soupe d'huile d'olive dans une grande Cocotte-Minute sur feu assez vif et faites dorer les tranches de jarret de tous côtés. N'hésitez pas à passer la viande en plusieurs fois et réservez les tranches déjà dorées. Salez et poivrez-les.

→ Versez l'oignon, l'ail, le céleri, les carottes et le laurier, remuez bien, et laissez sur feu moyen pendant 3 minutes en remuant régulièrement.

→ Ajoutez un peu de bouillon de volaille pour déglacer la cocotte, puis remettez la viande. Versez alors les tomates concassées et suffisamment de bouillon pour couvrir. Fermez la Cocotte-Minute et laissez cuire 25 minutes sous pression.

Le risotto

→ Chauffez 1 litre d'eau avec le cube de bouillon de légumes et la pincée de filaments de safran.

→ Hachez 1 oignon finement et faites-le revenir dans une grande sauteuse sur feu moyen avec 2 cuillerées à soupe d'huile d'olive. Ajoutez le riz à risotto et mélangez 1 minute. Versez le vin blanc et laissez-le s'évaporer. Versez le bouillon, salez, poivrez, couvrez et laissez cuire une quinzaine de minutes en remuant trois ou quatre fois pendant la cuisson. Prélevez 720 g de risotto (poids du riz cuit) pour les *Arancini* de jeudi et laissez le reste dans la sauteuse.

Les arancini

→ Versez la farine dans un bol, la chapelure dans un autre et battez 2 œufs dans un troisième bol.

→ Faites 12 boulettes de riz de 60 g. Aplatissez-les et déposez dans chacune 1 bille de mozzarella. Refermez les boulettes puis trempez chacune d'elles dans les œufs battus, dans la farine, de nouveau dans les œufs battus et enfin dans la chapelure. Enveloppez chaque arancini dans du film alimentaire et congelez-les.

Les légumes

→ Faites cuire les haricots verts dans une casserole d'eau bouillante salée pendant 5 minutes puis récupérez-les à l'aide d'une écumoire. Faites alors cuire les brocolis dans la même eau pendant 3 minutes puis égouttez-les. Prélevez 150 g de brocolis pour les *Chaussons farcis* de mercredi et réservez le reste au réfrigérateur avec les haricots verts pour la *Salade de thon à l'orange* de mardi.

→ Épluchez et coupez les pommes de terre en deux et cuisez-les 20 minutes dans une grande casserole d'eau bouillante salée puis égouttez-les. Prélevez 150 g de pommes de terre pour les *Chaussons* de mercredi.

Les chipolatas

→ Coupez les saucisses en tronçons d'environ 5 cm et faites-les revenir dans une sauteuse 5 minutes sur feu assez vif. Prélevez-en 150 g pour les *Chaussons farcis* de mercredi. Rangez le reste de saucisses dans un sachet de congélation. Prélevez 2 louches de sauce de l'osso-buco avec des carottes, versez-les sur les saucisses et congelez le tout pour les *Pâtes aux chipolatas* de vendredi.

Le hachis Parmentier

→ Chauffez le lait au four à micro-ondes. Écrasez le reste des pommes de terre au presse-purée en incorporant le lait et 30 g de beurre. Salez et poivrez. Prélevez 600 g de viande de l'osso-buco, détachez-la des os et défaites-la grossièrement et placez-la au fond d'un plat à gratin. Ajoutez 1 louche de sauce de l'osso-buco. Couvrez de purée et rangez au réfrigérateur.

Les chaussons

→ Préchauffez le four à 190 °C (th. 6-7).

→ Mixez rapidement les 150 g de saucisses. Ajoutez les 150 g de pommes de terre, les 150 g de brocolis et 1 cuillerée à café de moutarde à l'ancienne et mixez de nouveau.

→ À l'aide d'un bol, découpez 4 disques dans chaque pâte brisée. Déposez 1 portion de garniture, environ 2 cuillerées à soupe, sur la moitié d'un disque de pâte en évitant le bord. Refermez en repliant la pâte et scellez les bords à l'aide d'une fourchette. Faites de même pour les autres chaussons. Diluez le jaune d'œuf avec 1 cuillerée à soupe d'eau et badigeonnez les chaussons à l'aide d'un pinceau. Enfournez-les pendant 10 minutes. Laissez-les refroidir et rangez-les au réfrigérateur.

La vinaigrette

→ Versez dans un pot 15 cl d'huile d'olive et le vinaigre de cidre, salez, poivrez et fermez le pot.

L'osso-buco au risotto

→ Pour réchauffer le risotto, versez 2 louches de la sauce de l'osso-buco et réchauffez 3 minutes en remuant. Finissez en ajoutant 20 g de beurre et le parmesan râpé.

À ce stade, l'osso-buco au risotto est prêt.

Dimanche

Osso-buco au risotto

Lundi

Préparation : 2 min

Cuisson : 5 min

Ingrédients pour le Jour J

Le hachis Parmentier

30 g de gruyère râpé

Hachis Parmentier

1 Réchauffez le hachis Parmentier au four à micro-ondes.

2 Parsemez de gruyère râpé et passez le hachis Parmentier sous un gril bien chaud 5 minutes pour le dorer.

Salade de thon à l'orange

1 Égouttez puis émiettez le thon.

2 Répartissez les brocolis, les haricots et le thon dans les assiettes.

3 Secouez le pot de vinaigrette et versez 1/3 dans un petit bol. Prélevez les suprêmes de l'orange et pressez le cœur dans le bol de vinaigrette.

4 Déposez les suprêmes d'orange sur la salade, mélangez la vinaigrette et versez-en 1/3 par-dessus.

Mardi

Préparation : 10 min

Ingrédients pour le Jour J

Les brocolis

Les haricots verts

1 orange

1 boîte de thon à l'huile d'olive de 200 g (130 g égoutté)

La vinaigrette

Mercredi

Chaussons farcis

Préparation : 5 min

Cuisson : 5 min

Ingrédients pour le Jour J

Les chaussons farcis

1 sucrine

Une quinzaine de tomates cerises

1 cuil. à café de moutarde à l'ancienne

La vinaigrette

1 Préchauffez le four à 180 °C (th. 6).

2 Réchauffez les chaussons au four à micro-ondes puis enfournez-lez 5 minutes.

3 Effeuillez la sucrine. Coupez les tomates cerises en deux.

4 Versez 1/3 de la vinaigrette dans un bol, ajoutez la moutarde à l'ancienne et mélangez. Assaisonnez la salade et déposez les chaussons.

Jeudi

Arancini et salade

Préparation : 5 min

Cuisson : 12 min + décongélation

Ingrédients pour le Jour J

Les arancini congelés

La vinaigrette

4 petites poignées de mesclun

Une vingtaine d'olives vertes

1 Chauffez un bain d'huile à 120 °C.

2 Décongelez les arancini au four à micro-ondes. Plongez-les dans l'huile une douzaine de minutes puis déposez-les sur du papier absorbant.

3 Répartissez la salade dans les assiettes et assaisonnez-la avec le 1/3 de la vinaigrette restante. Déposez les olives et les boulettes de riz.

Vendredi

Pâtes aux chipolatas

Préparation : 2 min

Cuisson : 12 min
+ décongélation

Ingrédients pour le Jour J

Les chipolatas en sauce congelées

30 g de copeaux de parmesan

320 g de pâtes de type penne

1 **Décongelez** les saucisses et la sauce avec les carottes.

2 **Faites cuire** les pâtes dans une grande casserole d'eau bouillante salée le temps indiqué sur l'emballage, comptez une dizaine de minutes.

3 **Pendant ce temps** versez la sauce et les chipolatas dans une poêle et faites revenir le tout 2 minutes sur feu vif.

4 **Égouttez** les pâtes, versez-les dans la poêle et mélangez.

5 **Servez** en parsemant des copeaux de parmesan.

Semaine 9

Dimanche *Rôti de porc aux pommes de terre*

Lundi *Salade aux œufs mollets*

Mardi *Patates douces farcies*

Mercredi *Porc et légumes à la chinoise*

Jeudi *Quiche aux poivrons et au chorizo*

Vendredi *Soupe de pâtes aux lardons*

Liste de courses

Viande/poisson :

- ✔ 1,6 kg de rôti de porc
- ✔ 8 tranches de poitrine fumée (environ 800 g)
- ✔ 90 g de chorizo

Fruits/légumes :

- ✔ 1,5 kg de pommes de terre de type roseval
- ✔ 300 g de haricots beurre
- ✔ 2 patates douces
- ✔ 200 g de fèves épluchées
- ✔ 4 oignons
- ✔ 8 gousses d'ail
- ✔ 4 poivrons
- ✔ 2 poignées de pousses d'épinard
- ✔ 2 poignées de roquette
- ✔ 2 tiges de coriandre
- ✔ 2 feuilles de laurier
- ✔ 4 tiges de thym
- ✔ 4 tiges de cerfeuil

Crèmerie :

- ✔ 20 g de beurre + un peu pour le moule
- ✔ 7 œufs
- ✔ 200 g de crème fraîche épaisse
- ✔ 90 g de fromage râpé

Épicerie :

- ✔ 1 pâte brisée
- ✔ 240 g de boulgour
- ✔ 120 g de coquillettes
- ✔ 40 g de croûtons
- ✔ 2 cuil. à soupe de nuoc-mâm
- ✔ 4 cuil. à café de sauce sriracha
- ✔ 8 cuil. à soupe de sauce soja
- ✔ 8 cuil. à soupe de miel liquide
- ✔ 1 cuil. à café de graines de sésame
- ✔ 30 g de noisettes entières

Placard de base :

- ✔ 2 cuil. à soupe d'huile de colza
- ✔ 4 cuil. à soupe d'huile d'olive
- ✔ 20 cl de vin blanc
- ✔ 1 cube de bouillon de volaille
- ✔ 2 cuil. à soupe de vinaigre de cidre
- ✔ 2 cuil. à soupe de moutarde à l'ancienne
- ✔ Farine pour le moule
- ✔ Sel et poivre

2 h pour préparer 6 recettes

dont le plat du dimanche

Le rôti

→ Dans une grande Cocotte-Minute, faites chauffer le beurre et 1 cuillerée à soupe d'huile d'olive et dorez le rôti de porc de tous côtés sur feu vif.

→ Ajoutez les tranches de lard, 4 gousses d'ail, le thym, le laurier. Versez le vin blanc, ajoutez le cube de bouillon et 50 cl d'eau. Fermez la Cocotte-Minute et cuisez 15 minutes sous pression.

La poitrine

→ Sortez les tranches de poitrine de la cocotte, coupez 4 tranches en lardons et remettez-les dans la cocotte.

→ Coupez le reste en lardons et séparez en deux parts égales. Réservez une moitié pour la *Salade aux œufs mollets* du lundi. Réservez l'autre moitié dans un sac congélation et arrosez-les avec 6 louches du bouillon de cuisson de la cocotte pour la *Soupe de pâtes aux lardons* de vendredi.

Les oignons et les pommes de terre

→ Épluchez les oignons et les pommes de terre.

→ Coupez les oignons en quatre. Portez à ébullition une grande casserole d'eau légèrement salée et faites cuire les oignons et les pommes de terre pendant une vingtaine de minutes en vérifiant la cuisson.

→ Ajoutez la moitié des oignons dans le sac congélation avec la poitrine et le bouillon pour la *Soupe de pâtes aux lardons* de vendredi et congelez le tout.

→ Coupez 2/3 des pommes de terre en deux et mettez-les dans la cocotte. Ajoutez aussi la moitié des oignons dans la cocotte.

→ Réservez le tiers restant des pommes de terre au réfrigérateur pour la *Salade aux œufs mollets* du lundi.

Les haricots

→ Coupez les haricots en deux. Dans une casserole d'eau bouillante salée, cuisez-les 5 minutes puis égouttez-les. Congelez-en la moitié pour le *Porc et légumes à la chinoise* et réservez le reste au réfrigérateur pour la *Salade aux œufs mollets* de lundi.

La salade aux œufs

→ Faites cuire 4 œufs 5 minutes dans une casserole d'eau bouillante puis plongez-les dans un saladier d'eau glacée. Quand ils ont refroidi, conservez-les au réfrigérateur.

→ Préparez la vinaigrette en versant dans un petit pot 2 cuillerées à soupe du bouillon de cuisson du rôti, 1 cuillerée à soupe d'huile de colza, 1 cuillerée à soupe de vinaigre de cidre et la moutarde à l'ancienne. Fermez le pot et rangez-le au réfrigérateur pour la *Salade aux œufs mollets* de lundi.

Les poivrons

→ Épépinez et coupez les poivrons en cubes puis plongez-les 3 minutes dans une casserole d'eau bouillante puis égouttez-les. Congelez-en la moitié pour le *Porc et légumes à la chinoise* de mercredi.

→ Coupez 600 g du rôti de porc en cubes et placez-les dans un sac congélation.

La sauce et la marinade

→ Dans un pot mélangez les gousses d'ail restantes émincées, la sauce soja, le miel liquide, la sauce nuoc-mâm et la sauce sriracha et secouez bien. Versez la moitié de la sauce dans le sac congélation avec la viande. Ajoutez 15 cl du bouillon de la cocotte, secouez le tout pour mélanger et congelez pour le *Porc et légumes à la chinoise* de mercredi. Fermez le pot avec la sauce restante pour les *Patates douces farcies* de mardi.

La quiche et les patates douces

→ Préchauffez le four à 180 °C (th. 6).

→ Lavez les patates douces et emballez-les dans des feuilles de papier d'aluminium.

→ Étalez la pâte dans un moule à tarte beurré et fariné et piquez-la à la fourchette.

→ Dans un saladier, fouettez la crème fraîche épaisse, le fromage râpé et 3 œufs, salez légèrement et poivrez.

→ Coupez le chorizo en tranches et ajoutez-les dans le saladier ainsi que la moitié des poivrons et versez le tout sur la pâte. Enfournez les patates douces et la quiche. Sortez les patates douces au bout de 20 minutes en vérifiant la cuisson avec la pointe d'un couteau, laissez refroidir et rangez-les au réfrigérateur pour les *Patates douces farcies* de mercredi. Sortez la quiche au bout de 30 minutes de cuisson. Laissez-la refroidir et congelez-la pour le jeudi.

Les fèves

→ Plongez les fèves 3 minutes dans une casserole d'eau bouillante salée puis égouttez-les. Réservez la moitié au réfrigérateur pour les *Patates douces farcies* de mardi.

Le boulgour

→ Faites cuire le boulgour dans une casserole d'eau salée bouillante le temps indiqué sur l'emballage. Puis égouttez-le, laissez-le refroidir et rangez-le au réfrigérateur pour les *Patates douces farcies* de mardi.

Le rôti de porc aux pommes de terre

→ Coupez le rôti de porc en tranches très fines.

→ Répartissez les pommes de terre, les lardons et le bouillon dans les assiettes, déposez les tranches de viande et ajoutez les fèves. Servez accompagné de moutarde à l'ancienne.

À ce stade, le rôti de porc aux pommes de terre est prêt.

→

Dimanche

Rôti de porc aux pommes de terre

Lundi

Salade aux œufs mollets

Préparation : 5 min

Ingrédients pour le Jour J

Les pommes de terre cuites

Les lardons cuits

Les haricots beurre cuits

4 tiges de cerfeuil

4 œufs mollets

La vinaigrette

1 **Coupez** les pommes de terre en demi-rondelles.

2 **Dans un saladier,** mélangez les pommes de terre, les lardons et les haricots beurre.

3 **Secouez** le pot de sauce et versez-en sur la salade.

4 **Écalez** les œufs et effeuillez le cerfeuil.

5 **Répartissez** la salade dans les assiettes, déposez les œufs coupés en deux par-dessus et parsemez de cerfeuil.

Mardi

Patates douces farcies

Préparation : 10 min

Cuisson : four au micro-ondes

Ingrédients pour le Jour J

Les patates douces cuites

Les fèves cuites

Le boulgour cuit

30 g de noisettes entières

La sauce

1 **Hachez** grossièrement les noisettes.

2 **Placez** le boulgour dans un saladier.

3 **Chauffez** les patates douces, les fèves et le boulgour au four à micro-ondes.

4 **Coupez** les patates douces en deux dans la longueur. Creusez un peu le centre à l'aide d'une cuillère pour évider les moitiés. Ajoutez la chair ainsi retirée coupée en morceaux dans le saladier avec le boulgour et mélangez bien. Ajoutez les fèves et mélangez encore. Déposez le boulgour en dôme sur les demi-patates douces.

5 **Versez** la sauce par-dessus. Servez tiède en parsemant de noisettes hachées.

Mercredi

Préparation : 2 min

Cuisson : 9 min + décongélation

Ingrédients pour le Jour J

Le porc en marinade congelé

Les haricots beurre congelés

Les poivrons congelés

2 tiges de coriandre

1 cuil. à café de graines de sésame

Porc et légumes à la chinoise

1 Décongelez les cubes de porc marinés, les poivrons et les haricots beurre. Égouttez les cubes de porc et réservez la marinade.

2 Faites chauffer la marinade dans une sauteuse et laissez-la réduire 3 minutes. Ajoutez les cubes de porc, remuez pendant 3 minutes et ajoutez les légumes et laissez cuire encore 3 minutes.

3 Servez avec la coriandre fraîche et les graines de sésame.

Quiche aux poivrons et au chorizo

1 Préchauffez le four à 180 °C (th. 6).

2 Décongelez la quiche au four à micro-ondes puis enfournez-la pendant 5 minutes.

3 Mélangez les pousses d'épinard et la roquette.

4 Assaisonnez la salade d'huile d'olive et de vinaigre de cidre, salez et mélangez.

Jeudi

Préparation : 5 min

Cuisson : 5 min + décongélation

Ingrédients pour le Jour J

La quiche

2 poignées de pousses d'épinard

2 poignées de roquette

3 cuil. à soupe d'huile d'olive

1 cuil. à soupe de vinaigre de cidre

Sel

Vendredi

Soupe de pâtes aux lardons

Préparation : 3 min

Cuisson : 10 min + décongélation

Ingrédients pour le Jour J

Le bouillon avec les lardons et les oignons congelés

120 g de coquillettes

40 g de croûtons

1 Décongelez le bouillon avec les lardons et les oignons.

2 Versez le tout dans une casserole avec 20 cl d'eau, portez à ébullition, ajoutez les pâtes et laissez cuire le temps indiqué sur l'emballage, comptez 8 minutes.

3 Hachez grossièrement les croûtons. Répartissez la soupe dans les assiettes et parsemez des croûtons.

Semaine 10

Dimanche *Curry d'agneau à l'indienne*
Lundi *Salade aux deux riz et crevettes*
Mardi *Pizza à l'agneau*
Mercredi *Massala végétarien*
Jeudi *Pâtes aux lentilles et steak haché*
Vendredi *Muffins de courgette et maïs*

Liste de courses

Viande/poisson :

- ✔ 1,2 kg d'épaule d'agneau
- ✔ 24 crevettes cuites et décortiquées
- ✔ 300 g de viande hachée

Fruits/légumes :

- ✔ 450 g d'oignons nouveaux
- ✔ 2 petites courgettes
- ✔ 150 g de feuilles d'épinard
- ✔ 2 gousses d'ail
- ✔ 1/2 concombre
- ✔ 1 aubergine
- ✔ 4 poignées de mesclun
- ✔ 1 petit piment (facultatif)
- ✔ Des petites feuilles de basilic (facultatif)

Crèmerie :

- ✔ 60 g de beurre
- ✔ 360 g de feta
- ✔ 2 cuil. à soupe de yaourt à la grecque
- ✔ 1 œuf
- ✔ 60 g de parmesan râpé

Épicerie :

- ✔ 350 g de riz basmati
- ✔ 150 g de riz rouge
- ✔ 800 g de tomates concassées
- ✔ 1 cuil. à soupe de curry en poudre
- ✔ 450 g de lentilles corail
- ✔ 300 g de pâtes de type fusillotti
- ✔ 60 cl de lait de coco
- ✔ 4 cuil. à soupe d'amandes effilées
- ✔ 250 g de maïs égoutté
- ✔ 2 pâtes à pizza
- ✔ 260 g de pois chiches égouttés
- ✔ 1 cuil. à café de garam massala

Placard de base :

- ✔ 2 cuil. à soupe de moutarde
- ✔ 1 cuil. 1/2 à soupe de vinaigre de cidre
- ✔ 6 cuil. à soupe d'huile d'olive
- ✔ 3 cuil. à soupe d'huile d'arachide
- ✔ 210 g de farine
- ✔ 1 sachet de levure chimique
- ✔ Sel et poivre

2 h pour préparer 6 recettes

dont le plat du dimanche

La sauce tomate

→ Séparez le blanc du vert des oignons nouveaux. Réservez le vert au réfrigérateur et coupez le blanc des oignons en morceaux puis mixez-les grossièrement avec l'ail épluché. Faites-les revenir dans une grande sauteuse sur feu vif 3 minutes avec 20 g de beurre. Ajoutez les tomates concassées, salez, poivrez et prolongez la cuisson pendant 10 minutes.

Les viandes

→ Coupez la viande d'agneau en cubes et faites-les dorer dans une sauteuse 5 minutes sur feu vif avec 20 g de beurre.

→ Faites dorer la viande hachée dans une poêle 5 minutes sur feu vif avec le beurre restant en émiettant la viande à la spatule.

→ Versez 2/3 de la sauce tomate sur l'agneau, salez, poivrez, ajoutez 10 cl d'eau et prolongez la cuisson pendant 20 minutes.

→ Prélevez alors 1/3 d'agneau à la tomate et placez-le dans une boîte hermétique pour la *Pizza à l'agneau* de mardi.

→ Ajoutez le reste de sauce tomate sur le steak haché et prolongez la cuisson 10 minutes puis coupez le feu et laissez refroidir.

Les lentilles corail

→ Faites cuire les lentilles corail dans une grande casserole d'eau en suivant les indications portées sur l'emballage puis égouttez-les. Partagez-les en 3 parts égales.

→ Dans un sac congélation, versez le steak haché à la tomate et 1/3 des lentilles et congelez pour les *Pâtes aux lentilles et steak haché* de vendredi.

L'aubergine

→ Préchauffez le four à 180 °C (th. 6).

→ Coupez l'aubergine en tranches, badigeonnez-les avec 1 cuillerée à soupe d'huile d'olive puis déposez les tranches sur une plaque couverte de papier cuisson.

Les deux riz

→ Faites cuire les deux riz dans deux casseroles d'eau légèrement salée en suivant les indications portées sur l'emballage puis égouttez-les.

→ Prélevez 100 g de riz basmati cuit et la moitié du riz rouge, mélangez-les et réservez-les au réfrigérateur pour la *Salade aux deux riz et crevettes* de lundi.

Les courgettes

→ Râpez les courgettes avec une râpe à gros trous.

→ Mélangez la moitié des courgettes râpées avec le riz rouge restant et 1/3 des lentilles corail et congelez-les pour le *Massala végétarien* du mercredi.

Les muffins

→ Versez la moitié restante des courgettes dans un saladier, ajoutez la moitié du maïs, 120 g de feta émiettée, l'œuf, la farine, la levure chimique et l'huile d'olive restante, salez, poivrez et mélangez le tout. Versez la pâte dans des moules à muffins.

→ Enfournez l'aubergine pendant 15 minutes et les muffins pendant 30 minutes.

→ Placez l'aubergine dans la boîte avec l'agneau à la tomate et réservez au réfrigérateur pour la *Pizza à l'agneau* de mardi.

→ Quand les muffins ont refroidi, congelez-les pour les *Muffins de courgette et maïs* de vendredi.

La sauce au yaourt

→ Préparez la sauce au yaourt en versant dans un pot le yaourt à la grecque, 1 cuillerée à soupe de moutarde, 1/2 cuillerée à soupe de vinaigre de cidre et 1 cuillerée à soupe d'huile d'arachide, salez, poivrez et mélangez. Fermez le pot et rangez-le au réfrigérateur pour la *Salade aux deux riz et crevettes* de lundi.

Le curry d'agneau

→ Ajoutez le curry en poudre et la moitié du lait de coco à l'agneau à la tomate restant, mélangez et faites cuire 5 minutes.

→ Ajoutez les lentilles restantes et mélangez.

→ Réchauffez éventuellement le riz. Parsemez les amandes effilées.

À ce stade, le curry d'agneau à l'indienne est prêt.

Dimanche

Curry d'agneau à l'indienne

Lundi

Salade aux deux riz et crevettes

Préparation : 8 min

Ingrédients pour le Jour J

Le mélange de riz cuit

La sauce au yaourt

24 crevettes cuites et décortiquées

1/2 concombre

100 g de maïs égoutté

120 g de feta

1 Mettez le mélange de riz dans un grand saladier.

2 Coupez le concombre en petits morceaux, émiettez la feta et ajoutez le tout dans le saladier. Ajoutez également les crevettes, le maïs et la sauce et mélangez.

Pizza à l'agneau

1 Préchauffez le four à 210 °C (th. 7).

2 Étalez les pâtes à pizza sur des plaques de four couvertes de papier cuisson.

3 Placez l'agneau à la tomate et l'aubergine dans un mixeur et mixez très grossièrement. Étalez sur les pâtes à pizza.

4 Émiettez la feta par-dessus et enfournez pendant 10 minutes.

5 Servez parsemé de petites feuilles de basilic.

Mardi

Préparation : 10 min

Cuisson : 10 min

Ingrédients pour le Jour J

L'agneau à la tomate et l'aubergine

120 g de feta

2 pâtes à pizza

Des petites feuilles de basilic (facultatif)

Mercredi

Massala végétarien

Préparation : 5 min

Cuisson : 5 min + décongélation

Ingrédients pour le Jour J

- Le mélange de courgettes, riz rouge et lentilles corail congelé
- Le vert des oignons nouveaux
- 150 g de feuilles d'épinard
- 260 g de pois chiches égouttés
- 30 cl de lait de coco
- 1 cuil. à café de garam massala
- Sel et poivre

1 Décongelez le mélange de courgettes, riz rouge et lentilles corail puis versez dans une grande casserole.

2 Émincez finement le vert des oignons nouveaux.

3 Ajoutez les feuilles d'épinard, les pois chiches, le lait de coco et le garam massala, salez et poivrez.

4 Portez à ébullition puis poursuivez la cuisson pendant 3 minutes.

5 Terminez en parsemant le vert des oignons nouveaux finement émincés et en remuant.

Jeudi

Pâtes aux lentilles et steak haché

Préparation : 5 min

Cuisson : 10 min + décongélation

Ingrédients pour le Jour J

Le mélange de steak haché et de lentilles à la tomate congelé

300 g de pâtes de type fusillotti

60 g de parmesan râpé

1 petit piment (facultatif)

Sel

1 Décongelez et faites chauffer au four à micro-ondes le mélange de steak haché et de lentilles à la tomate.

2 Faites cuire les pâtes dans une casserole d'eau bouillante salée selon le temps indiqué sur l'emballage. Égouttez-les puis replacez-les dans la casserole. Versez la sauce et mélangez.

3 Émincez finement le piment.

4 Répartissez les pâtes dans les assiettes et parsemez le parmesan et le piment par-dessus.

Vendredi

Muffins de courgette et maïs

Préparation : 5 min

Cuisson : 10 min + décongélation

Ingrédients pour le Jour J

Les muffins congelés

50 g de maïs égoutté

4 poignées de mesclun

1 cuil. à soupe de moutarde

1 cuil. à soupe de vinaigre de cidre

2 cuil. à soupe d'huile d'arachide

Sel et poivre

1 **Préchauffez** le four à 210 °C (th. 7).

2 **Décongelez** les muffins.

3 **Mélangez** dans un bol la moutarde, le vinaigre de cidre et l'huile d'arachide, salez et poivrez.

4 **Enfournez** les muffins 10 minutes.

5 **Assaisonnez** le mesclun et le maïs puis répartissez-les dans les assiettes et servez avec les muffins chauds ou tièdes.

Semaine 11

Dimanche *Risotto aux légumes et pancetta*

Lundi *Veau Marengo et pipe rigate*

Mardi *Minestrone*

Mercredi *Pizza aux chipolatas*

Jeudi *Gratin de pâtes au veau*

Vendredi *Gnocchis et saucisses à la tomate*

Liste de courses

Viande/poisson :

- ✔ 12 tranches fines de pancetta
- ✔ 1,5 kg de veau à blanquette
- ✔ 300 g de chipolatas

Fruits/légumes :

- ✔ 500 g de champignons de Paris
- ✔ 4 carottes
- ✔ 1 branche de céleri
- ✔ 1 blanc de poireau
- ✔ 120 g de haricots verts
- ✔ 4 oignons
- ✔ 7 gousses d'ail
- ✔ 2 bouquets garnis
- ✔ 2 tiges d'origan + des feuilles

Crèmerie :

- ✔ 45 g de beurre
- ✔ 50 cl de lait
- ✔ 210 g de parmesan râpé
- ✔ 60 g de copeaux de parmesan
- ✔ 2 boules de mozzarella

Épicerie :

- ✔ 240 g de riz à risotto
- ✔ 320 g de pâtes de type pipe rigate
- ✔ 300 g de coquillettes
- ✔ 800 g de gnocchis
- ✔ 2 pâtes à pizza
- ✔ 500 g de coulis de tomates
- ✔ 2 cuil. à café de fond de veau
- ✔ 120 g de haricots blancs égouttés
- ✔ 40 cl de vin blanc
- ✔ Une vingtaine d'olives vertes dénoyautées
- ✔ 1/2 cuil. à café de graines de fenouil

Placard de base :

- ✔ 7 cuil. à soupe d'huile d'olive
- ✔ 25 g de farine
- ✔ 2 cubes de bouillon de légumes
- ✔ Sel et poivre

2 h pour préparer 6 recettes

dont le plat du dimanche

La sauce à la tomate et aux chipolatas

→ Épluchez 1 oignon et 1 gousse d'ail et émincez-les. Faites-les revenir dans une sauteuse avec 1 cuillerée à soupe d'huile d'olive pendant 1 minute sur feu vif. Enlevez la peau des chipolatas. Ajoutez-les dans la poêle et laissez cuire 3 minutes en les émiettant. Ajoutez 400 g de coulis de tomates, 1 bouquet garni et 20 cl d'eau et laissez cuire 15 minutes sur feu moyen en remuant régulièrement. Congelez un tiers de la sauce aux chipolatas pour la *Pizza aux chipolatas* de mercredi et le reste pour les *Gnocchis* de vendredi.

Les champignons

→ Coupez les champignons de Paris en morceaux. Faites-les cuire sur feu vif 3 minutes avec 1 cuillerée à soupe d'huile d'olive dans une poêle à couvert. Congelez la moitié des champignons pour la *Pizza aux chipolatas* de mercredi.

Les carottes

→ Épluchez les carottes et coupez-les en deux dans la longueur puis en demi-rondelles et faites-les cuire 3 minutes dans une casserole d'eau bouillante salée. Puis réservez 1/4 pour le *Minestrone* et 3/4 pour le *Veau Marengo*.

Le veau Marengo

→ Coupez le veau en gros morceaux et 1 oignon épluché en petits cubes. Faites revenir le veau de tous côtés sur feu vif dans une Cocotte-Minute avec 1 cuillerée à soupe d'huile d'olive pendant 5 minutes. Ajoutez l'oignon, 4 gousses d'ail en chemise et le bouquet garni restant, remuez et laissez cuire 3 minutes. Ajoutez le fond de veau, 20 cl de vin blanc et 60 cl d'eau, couvrez et faites cuire 20 minutes sous pression. Ajoutez alors le coulis de tomates restant, les 3/4 des carottes et la moitié des champignons restants et poursuivez la cuisson 10 minutes à couvert mais sans pression.

→ Laissez refroidir, prélevez 800 g pour le *Gratin de pâtes au veau* de jeudi et réservez le reste au réfrigérateur pour le *Veau Marengo* de lundi.

La soupe pour le minestrone

→ Coupez le blanc de poireau en rondelles, équeutez les haricots verts et coupez-les en tronçons et 1 oignon en petits dés. Lavez la branche de céleri et émincez-la. Faites chauffer 2 cuillerées à soupe d'huile d'olive dans une grande casserole, ajoutez le céleri, l'oignon, le poireau et 2 gousses d'ail en chemise et laissez cuire 3 minutes en remuant de temps en temps.

→ Ajoutez 1 cube de bouillon de légumes, les carottes restantes, les haricots verts, les haricots blancs et 1,5 l d'eau et poursuivez la cuisson 10 minutes. Prélevez 2 louches de légumes avec un peu de bouillon pour le *Risotto* et réservez le reste dans une boîte hermétique au réfrigérateur pour le *Minestrone* de mardi.

Les coquillettes

→ Faites cuire les coquillettes dans une casserole d'eau bouillante salée le temps indiqué sur l'emballage pour une cuisson *al dente*, puis égouttez-les. Prélevez 150 g de coquillettes cuites, placez-les dans une boîte hermétique et réservez-les au réfrigérateur pour le *Minestrone* de mardi.

→ Effilochez le veau et répartissez-le avec la sauce dans un plat à gratin. Étalez les coquillettes par-dessus et congelez pour le *Gratin de pâtes au veau* de jeudi.

Le risotto

→ Chauffez au four à micro-ondes 1,2 l d'eau avec le cube de bouillon de légumes restant et mélangez.

→ Épluchez et hachez l'oignon restant finement et faites-le revenir dans une grande sauteuse sur feu moyen avec 2 cuillerées à soupe d'huile d'olive. Ajoutez le riz à risotto et mélangez 1 minute. Versez le vin blanc restant et laissez-le s'évaporer. Versez le bouillon, salez, poivrez, couvrez et laissez cuire une quinzaine de minutes en remuant 3 ou 4 fois pendant la cuisson.

→ Faites revenir à la poêle les tranches de pancetta. Ajoutez-les dans le risotto.

→ Versez les 2 louches de légumes et de bouillon réservées et réchauffez 3 minutes en remuant. Finissez en incorporant 20 g de beurre et 60 g de parmesan râpé.

À ce stade, le risotto aux légumes et pancetta est prêt.

Dimanche

Risotto aux légumes et pancetta

Lundi

Préparation : 5 min

Cuisson : 10 min

Ingrédients pour le Jour J

320 g de pâtes de type pipe rigate

Le veau Marengo

Une vingtaine d'olives vertes dénoyautées

2 tiges d'origan

Sel

Veau Marengo et pipe rigate

1 Faites cuire les pâtes dans une grande casserole d'eau bouillante salée selon le temps indiqué sur l'emballage.

2 Pendant ce temps ajoutez les olives au veau Marengo et réchauffez le tout au four à micro-ondes.

3 Servez les pâtes accompagnées du veau et parsemez de quelques feuilles d'origan par-dessus.

Minestrone

1 Mélangez les coquillettes à la soupe dans une casserole.

2 Ajustez en sel et en poivre et réchauffez le tout 5 minutes sur feu moyen.

Mardi

Préparation : 2 min

Cuisson : 5 min

Ingrédients pour le Jour J

Les coquillettes cuites

La soupe

Sel et poivre

Mercredi

Pizza aux chipolatas

Préparation : 3 min

Cuisson : 10 min + décongélation

Ingrédients pour le Jour J

2 pâtes à pizza

2 boules de mozzarella

90 g de parmesan râpé

Les champignons congelés

La sauce aux chipolatas congelée

1 Préchauffez le four à 210 °C (th. 7).

2 Décongelez la sauce et les champignons.

3 Coupez les boules de mozzarella en tranches et pressez-les dans du papier absorbant.

4 Étalez les pâtes à pizza sur des plaques de four couvertes de papier de cuisson. Étalez dessus la sauce aux chipolatas.

5 Répartissez par-dessus les champignons, les tranches de mozzarella et le parmesan.

6 Enfournez pendant 10 minutes.

Jeudi

Gratin de pâtes au veau

Préparation : 2 min

Cuisson : 13 min
+ décongélation

Ingrédients pour le Jour J

Le gratin de pâtes

Pour la béchamel :

25 g de beurre

25 g de farine

50 cl de lait

60 g de parmesan râpé

Sel et poivre

1 Décongelez
le gratin de pâtes.

2 Préchauffez
le four à 210 °C (th.7).

3 Préparez
la béchamel. Dans une casserole sur feu doux, faites fondre le beurre, versez la farine, mélangez puis versez petit à petit le lait chaud en fouettant. Salez, poivrez et faites épaissir en fouettant pendant environ 3 minutes.

4 Versez
la béchamel sur le gratin.

5 Enfournez
10 minutes.

Vendredi

Gnocchis et saucisses à la tomate

Préparation : 3 min

Cuisson : 2 min + décongélation

Ingrédients pour le Jour J

La sauce tomate aux chipolatas congelée

800 g de gnocchis

1/2 cuil. à café de graines de fenouil

60 g de copeaux de parmesan

Des feuilles d'origan

1 **Décongelez** et réchauffez la sauce tomate aux chipolatas au four à micro-ondes, ajoutez les graines de fenouil et mélangez.

2 **Faites cuire** les gnocchis en suivant les indications portées sur l'emballage, puis égouttez-les.

3 **Versez** la sauce sur les gnocchis et mélangez.

4 **Parsemez** les copeaux de parmesan et les feuilles d'origan.

Semaine 12

Dimanche *Dinde à la crème*

Lundi *Canard mariné*

Mardi *Tourte dinde et légumes*

Mercredi *Soupe asiatique au canard*

Jeudi *Feuilletés mexicains*

Vendredi *Soupe de légumes et œufs pochés*

Liste de courses

Viande/poisson :

- ✔ 1,2 kg de filets de dinde
- ✔ 3 filets de canard

Fruits/légumes :

- ✔ 500 g de champignons de Paris
- ✔ 4 oignons nouveaux
- ✔ 3 carottes nouvelles
- ✔ 2 poireaux
- ✔ 500 g de petits pois écossés
- ✔ 200 g de haricots verts
- ✔ 4 tiges de coriandre
- ✔ 150 g de mesclun

Crèmerie :

- ✔ 20 cl de crème fraîche
- ✔ 20 g de beurre
- ✔ 8 œufs + 2 jaunes d'œufs

Épicerie :

- ✔ 320 g de tagliatelles
- ✔ 240 g de riz
- ✔ 200 g de pâtes de riz plates
- ✔ 3 pâtes feuilletées
- ✔ 15 cl de sauce soja
- ✔ 1 cuil. à café de sauce sriracha
- ✔ 80 cl de bouillon de légumes
- ✔ 200 g de maïs égoutté
- ✔ 2 cuil. à café de fond de volaille
- ✔ 1 cuil. à café de graines de sésame (facultatif)
- ✔ 1 cuil. à café de mélange d'épices mexicaines

Placard de base :

- ✔ 4 cl de vin blanc
- ✔ 1 cube de bouillon de volaille
- ✔ 2 cuil. à café de miel liquide
- ✔ 3 cuil. à soupe d'huile de tournesol
- ✔ 1 cuil. à soupe de vinaigre de cidre
- ✔ Sel et poivre

2 h pour préparer 6 recettes

dont le plat du dimanche

Les marinades

→ Préparez les marinades en mélangeant 12 cl de sauce soja et le vin blanc. Versez-en une moitié dans un sac congélation, ajoutez la sauce sriracha et 1 filet de canard et mélangez bien. Versez l'autre moitié dans un autre sac congélation, ajoutez le miel liquide et 2 filets de canard et mélangez bien. Placez les deux sachets au réfrigérateur pour la *Soupe asiatique au canard* de mercredi et le *Canard mariné* de lundi.

Les filets de dinde

→ Versez dans une casserole 1,5 l d'eau froide, le cube de bouillon de légumes et les filets de dinde. Portez à ébullition et laissez cuire 1 minute, puis coupez le feu et laissez refroidir.

Les légumes

→ Séparez le blanc et le vert des oignons nouveaux et coupez les blancs en quatre.

→ Coupez les haricots verts en tronçons, les champignons en deux, les poireaux en fines rondelles et les carottes en deux dans la longueur puis en demi-rondelles.

→ Dans une casserole d'eau bouillante salée faites cuire les champignons 3 minutes et récupérez-les à l'aide d'une écumoire.

→ Faites cuire les carottes 3 minutes et récupérez-les à l'aide d'une écumoire.

→ Faites cuire les petits pois 3 minutes et récupérez-les à l'aide d'une écumoire.

→ Faites cuire les haricots verts 3 minutes et récupérez-les à l'aide d'une écumoire.

→ Faites blanchir le blanc des oignons 1 minute et récupérez-les à l'aide d'une écumoire.

→ Faites blanchir les poireaux 1 minute et videz l'eau de cuisson.

→ Prélevez 1/3 des carottes cuites et rangez-les au réfrigérateur pour le *Canard mariné* de lundi.

La tourte

→ Coupez 500 g de filet de dinde en cubes.

→ Dans une grande sauteuse sur feu vif, faites fondre le beurre. Prélevez la moitié des carottes restantes, 1/4 des poireaux, la moitié des petits pois, la moitié des haricots verts et 1/3 des champignons et versez-les dans la sauteuse. Salez légèrement, poivrez et laissez cuire 3 minutes en mélangeant régulièrement. Versez 1 louche du bouillon de cuisson de la dinde et 1 cuillerée à café de fond de volaille et mélangez. Ajoutez les cubes de dinde et laissez cuire encore 3 minutes. Versez le tout dans un plat à tourte, laissez refroidir puis congelez pour *Tourte dinde et légumes* de mardi.

→ Congelez ensemble 1/4 des champignons et les poireaux restants pour la *Soupe asiatique au canard* de mercredi.

→ Congelez ensemble le bouillon de légumes avec la moitié des petits pois restants, les haricots verts restants et les carottes restantes pour la *Soupe de légumes* de vendredi.

Les feuilletés

→ Préchauffez le four à 180 °C (th. 6).

→ Coupez 200 g de dinde en morceaux. Placez-les avec le vert des oignons nouveaux dans un mixeur et mixez grossièrement. Ajoutez 150 g de maïs égoutté, les petits pois restants et le mélange d'épices mexicaines, salez, poivrez et mixez de nouveau.

→ À l'aide d'un bol de 12 cm de diamètre découpez 4 disques dans 2 pâtes feuilletées. Déposez 1 portion de garniture, environ 2 cuillerées à soupe, sur la moitié d'un disque de pâte en évitant le bord. Refermez en repliant la pâte et scellez les bords à l'aide d'une fourchette. Faites de même pour les autres feuilletés. Diluez le jaune d'œuf avec 1 cuillerée à soupe d'eau et badigeonnez les feuilletés à l'aide d'un pinceau. Enfournez-les pendant 10 minutes. Laissez-les refroidir et congelez-les.

Le riz

→ Faites cuire le riz dans une grande casserole d'eau salée bouillante le temps indiqué sur l'emballage puis égouttez-le. Laissez-le refroidir et rangez-le au réfrigérateur pour le *Canard mariné* de lundi.

La dinde

→ Faites cuire les tagliatelles dans une grande casserole d'eau salée selon le temps indiqué sur l'emballage et égouttez-les.

→ Émincez les 500 g de filet de dinde restants.

→ Dans une petite casserole sur feu doux, versez 15 cl de crème et 1 cuillerée à café de fond de volaille et mélangez bien. Ajoutez la dinde émincée et les champignons restants, poivrez et faites chauffer sur feu doux 5 minutes.

→ Répartissez les pâtes dans les assiettes et déposez la dinde à la crème par-dessus.

À ce stade, la dinde à la crème est prête.

Dimanche

Dinde à la crème

Lundi

Canard mariné

Préparation : 5 min

Cuisson : 8 min

Ingrédients pour le Jour J

2 filets de canard marinés

Le riz cuit

1 carotte cuite

4 tiges de coriandre

1 Hachez finement la carotte.

2 Sortez les filets de canard de la marinade, séchez-les avec du papier absorbant puis coupez-les en cubes.

3 Dans une poêle sur feu vif, faites dorer les cubes de canard de tous côtés, environ 3 minutes. Videz le gras. Versez la marinade et laissez cuire le canard dans la marinade jusqu'à ce qu'elle devienne sirupeuse, comptez 5 minutes.

4 Chauffez le riz et la carotte au four à micro-ondes puis répartissez-les dans les assiettes. Ajoutez le canard et déposez 1 tige de coriandre.

Mardi

Tourte dinde et légumes

Préparation : 5 min

Cuisson : 12 min + décongélation

Ingrédients pour le Jour J

La tourte congelée

1 pâte feuilletée

5 cl de crème fraîche

1 jaune d'œuf

1 **Préchauffez** le four à 180 °C (th. 6).

2 **Décongelez** la tourte.

3 **Versez** la crème sur la tourte décongelée et déposez par-dessus la pâte feuilletée. Scellez bien les bords et faites un petit trou au centre.

4 **Dans un petit bol,** mélangez rapidement 1 cuillerée à soupe d'eau au jaune d'œuf, et badigeonnez la tourte.

5 **Enfournez** pendant 12 minutes.

Mercredi

Soupe asiatique au canard

Préparation : 5 min

Cuisson : 10 min

Ingrédients pour le Jour J

1 filet de canard mariné

200 g de pâtes de riz plates

Poireaux et champignons congelés

50 g de maïs égoutté

1 cuil. à café de graines de sésame (facultatif)

80 cl de bouillon de volaille

3 cl de sauce soja

1 Sortez le filet de canard de la marinade, séchez-le avec du papier absorbant.

2 Dans une petite poêle sur feu vif, faites cuire le filet de canard 3 minutes côté peau, puis 3 minutes de l'autre côté. Retirez du feu, couvrez la poêle et réservez.

3 Dans une grande casserole, versez le bouillon, la sauce soja, les poireaux et les champignons congelés et portez à ébullition. Ajoutez les pâtes de riz et laissez cuire selon le temps indiqué sur l'emballage.

4 Pendant ce temps, coupez le filet de canard en fines tranches.

5 Ajoutez le maïs égoutté et le canard au bouillon.

6 Servez la soupe en parsemant de quelques graines de sésame (facultatif).

Jeudi

Préparation : 3 min

Cuisson : 10 min + décongélation

Ingrédients pour le Jour J

Les feuilletés congelés

150 g de mesclun

3 cuil. à soupe d'huile de tournesol

1 cuil. à soupe de vinaigre de cidre

Sel et poivre

Feuilletés mexicains

1 Préchauffez le four à 180 °C (th. 6).

2 Décongelez les feuilletés.

3 Enfournez-les pendant 10 minutes.

4 Pendant ce temps, préparez la vinaigrette en mélangeant l'huile de tournesol au vinaigre de cidre, salez et poivrez.

5 Assaisonnez la salade et servez-la avec les feuilletés.

Soupe de légumes et œufs pochés

1 Décongelez les légumes et le bouillon.

2 Versez le tout dans une casserole et portez à ébullition. Mixez à l'aide d'un mixeur plongeant. Ajustez l'assaisonnement en sel et poivre.

3 Cassez les œufs dans la soupe, laissez-les cuire de 3 à 5 minutes selon votre goût.

4 Servez très délicatement pour ne pas percer les œufs.

Vendredi

Préparation : 2 min

Cuisson : 5 min + décongélation

Ingrédients pour le Jour J

8 œufs

Le bouillon et les légumes congelés

Sel et poivre

Semaine 13

Dimanche *Potée au chou*

Lundi *Blanquette de lotte*

Mardi *Cake charcutier*

Mercredi *Soupe de potimarron aux pois chiches grillés*

Jeudi *Choux farcis*

Vendredi *Couscous de la mer*

Liste de courses

Viande/poisson :

- ✔ 2 saucisses de Morteau
- ✔ 6 tranches de poitrine fumée (environ 500 g)
- ✔ 800 g de médaillons de lotte

Fruits/légumes :

- ✔ 500 g de pommes de terre
- ✔ 13 carottes
- ✔ 250 g de céleri-rave
- ✔ 2 poireaux
- ✔ 1,5 kg de potimarron
- ✔ 4 petits navets
- ✔ 1/2 petit chou vert
- ✔ 2 oignons
- ✔ 1 sucrine
- ✔ 1/2 concombre

Crèmerie :

- ✔ 4 œufs + 1 jaune d'œuf
- ✔ 150 g de crème fraîche
- ✔ 120 g de lait
- ✔ 90 g de comté râpé
- ✔ 20 g de beurre

Épicerie :

- ✔ 240 g de riz
- ✔ 180 g de graines de couscous fines
- ✔ 250 g de pois chiches cuits au naturel
- ✔ 2 bouquets garnis
- ✔ 10 cl de vin blanc
- ✔ 1 cuil. à café de fumet de poisson
- ✔ 1 cuil. à café de Maïzena®
- ✔ 90 g de polenta
- ✔ 1 sachet de levure (10 g)
- ✔ 1 cuil. à café de curry en poudre

Placard de base :

- ✔ 6 grains de poivre
- ✔ 4 clous de girofle
- ✔ 1 cuil. à soupe de moutarde à l'ancienne
- ✔ 120 g de farine + un peu pour le moule
- ✔ 5 cuil. à soupe d'huile d'olive
- ✔ 1 cuil. à soupe de vinaigre de cidre
- ✔ 90 g d'huile d'arachide + un peu pour le moule
- ✔ Sel et poivre

2 h pour préparer 6 recettes

dont le plat du dimanche

Les saucisses et la poitrine

→ Dans une grande Cocotte-Minute, mettez les saucisses de Morteau et les tranches de poitrine fumée, les oignons épluchés et piqués des clous de girofle, 1 bouquet garni et les grains de poivre, salez et couvrez de 2 litres d'eau froide. Fermez le couvercle de la cocotte et faites cuire sous pression pendant 15 minutes. Prélevez 2 tranches de poitrine fumée pour le *Cake* de mardi. Dans une boîte hermétique ou un sac congélation, mettez 1/2 saucisse de Morteau et 1 louche de bouillon de cuisson pour le *Chou farci* de jeudi.

Le cake

→ Préchauffez le four à 180 °C (th. 6).

→ Hachez grossièrement les 2 tranches de lard. Dans un saladier, battez les 4 œufs avec le lait et l'huile d'arachide, salez et poivrez. Ajoutez la farine, la levure, la moutarde à l'ancienne et la polenta et mélangez en insistant bien. Ajoutez le lard et le comté puis mélangez très rapidement. Huilez et farinez un moule à cake de 26 cm sur 12, et versez-y la pâte. Enfournez pendant 45 minutes.

→ Démoulez le cake quand il a tiédi et laissez-le refroidir avant de le réserver au réfrigérateur jusqu'à mardi.

Les choux farcis

→ Épluchez et coupez 1 carotte en rondelles. Prélevez 8 feuilles de chou. Dans une casserole d'eau bouillante salée, faites cuire les feuilles de chou 2 minutes puis sortez-les à l'aide d'une écumoire et passez-les sous l'eau froide. Dans la même eau, faites cuire les rondelles de carotte 3 minutes puis égouttez-les.

→ Faites cuire le riz dans une grande casserole d'eau salée bouillante le temps indiqué sur l'emballage puis égouttez-le. Prélevez 200 g de riz cuit et congelez le reste pour le *Chou farci* de jeudi.

→ Coupez la demi-saucisse de Morteau en morceaux. Mixez ensemble la carotte en rondelles cuite et les morceaux de Morteau. Incorporez-les aux 200 g de riz cuit réservé puis partagez la farce en 8 parts égales. À l'aide d'un couteau, enlevez l'épaisseur de la côte centrale des feuilles de chou. Déposez une part de farce sur chaque feuille de chou et roulez-les en repliant les extrémités. Congelez-les en versant dessus 1 louche de bouillon des saucisses pour le *Chou farci* de jeudi.

La potée

→ Épluchez et coupez les carottes restantes en tronçons, les pommes de terre en morceaux et le demi-chou en quatre.

→ Dans la Cocotte-Minute, ajoutez 1/3 des carottes, les pommes de terre et le chou. Remettez la Cocotte-Minute sous pression et laissez cuire 5 minutes.

À ce stade, la potée au chou est prête.

Les légumes

→ Préchauffez le four à 210 °C (th. 7). Coupez le potimarron en tranches. Étalez les tranches sur une plaque couverte de papier cuisson et arrosez avec 1 cuillerée à soupe d'huile d'olive. Enfournez pendant 15 minutes. Congelez 1/3 du potimarron pour le *Couscous de la mer* de vendredi.

→ Coupez le céleri-rave en dés. Déposez-les sur une plaque couverte de papier cuisson et enfournez aussi 15 minutes.

→ Coupez les poireaux en rondelles.

La soupe

→ Faites chauffer 75 cl d'eau dans une casserole. Ajoutez la moitié des poireaux et le bouquet garni restant, salez, poivrez et faites-les cuire une dizaine de minutes.

→ Retirez le bouquet garni, ajoutez le potimarron, salez, poivrez et mixez le tout avec un mixeur plongeant jusqu'à obtenir un velouté bien onctueux. Laissez refroidir et congelez pour la *Soupe de potimarron aux pois chiches grillés* de mercredi.

La blanquette

→ Dans une grande casserole sur feu vif, faites chauffer le beurre et faites revenir les médaillons de lotte de tous côtés 3 minutes. Ajoutez 4 petits navets, la moitié des poireaux restants et les 2/3 restants des carottes. Laissez cuire 3 minutes en remuant. Ajoutez le vin blanc, 1 litre d'eau et le fumet de poisson, baissez le feu et poursuivez la cuisson 10 minutes à couvert. Prélevez les navets, la moitié de la lotte et la moitié du bouillon et congelez le tout pour le *Couscous de la mer* de vendredi.

→ Réservez carottes, poireaux, lotte et bouillon restant avec les cubes de céleri dans une boîte hermétique pour la *Blanquette de lotte* de lundi.

Dimanche
Potée au chou

Lundi

Blanquette de lotte

Préparation : 5 min

Cuisson : 10 min

Ingrédients pour le Jour J

Lotte et légumes au bouillon

1 jaune d'œuf

150 g de crème fraîche

1 cuil. à café de Maïzena®

1 Mélangez dans un bol 2 louches du bouillon, le jaune d'œuf, la crème fraîche et la Maïzena®.

2 Dans une casserole versez la lotte, les légumes et la sauce crémeuse de la blanquette et faites chauffer sur feu doux, à couvert, une dizaine de minutes en remuant de temps en temps.

Cake charcutier

1 Préparez la vinaigrette en mélangeant l'huile d'olive et le vinaigre de cidre, salez, poivrez.

2 Coupez des tranches de cake.

3 Coupez le concombre en tranches fines et effeuillez la sucrine.

4 Assaisonnez la salade de vinaigrette et servez avec le cake.

Mardi

Préparation : 5 min

Le cake

1 sucrine

1/2 concombre

3 cuil. à soupe d'huile d'olive

1 cuil. à soupe de vinaigre de cidre

Sel et poivre

Mercredi

Soupe de potimarron aux pois chiches grillés

Préparation : 3 min

Cuisson : 10 min

Ingrédients pour le Jour J

La soupe de potimarron congelée

150 g de pois chiches cuits au naturel

1 cuil. à café de curry en poudre

1 cuil. à soupe d'huile d'olive

Sel

1 Préchauffez le four à 210 °C (th. 7).

2 Réchauffez la soupe de potimarron au four à micro-ondes.

3 Étalez les pois chiches sur une plaque couverte de papier cuisson et arrosez-les avec l'huile d'olive, saupoudrez le curry, salez et remuez. Enfournez les pois chiches 10 minutes puis parsemez-les sur la soupe.

Jeudi

Choux farcis

Préparation : 3 min

Cuisson : 10 min + décongélation

Ingrédients pour le Jour J

Les choux farcis congelés

Le bouillon et la saucisse congelés

Le riz congelé

1 **Préchauffez** le four à 210 °C (th. 7).

2 **Décongelez** les choux farcis et le bouillon.

3 **Déposez** les choux farcis et le bouillon dans un plat et enfournez 10 minutes.

4 **Décongelez** le riz et chauffez-le au four à micro-ondes.

5 **Répartissez** le riz dans les assiettes, posez par-dessus 2 parts de choux et versez le bouillon.

Vendredi

Couscous de la mer

Préparation : 5 min

Cuisson : 10 min + décongélation

Ingrédients pour le Jour J

Le potimarron congelé

Lotte, navets et bouillon congelés

180 g de graines de couscous fines

100 g de pois chiches au naturel

1 Décongelez les tranches de potimarron ainsi que la lotte, les navets et le bouillon.

2 Versez le bouillon, les navets, les pois chiches égouttés et la lotte dans une casserole. Ajoutez les tranches de potimarron et faites chauffer sur feu moyen une dizaine de minutes.

3 Pendant ce temps préparez les graines de couscous en suivant les indications portées sur l'emballage.

4 Répartissez le couscous dans les assiettes, déposez par-dessus la lotte et les légumes et arrosez d'un peu de bouillon.

Semaine 14

Dimanche *Pad thaï*

Lundi *Salade thaïe de poulet et légumes*

Mardi *Beignets de poisson thaïs et salade chinoise*

Mercredi *Riz sauté aux légumes*

Jeudi *Soupe Tom Yam*

Vendredi *Poulet caramélisé au gingembre*

Liste de courses

Viande/poisson :

- ✔ 16 gambas
- ✔ 6 blancs de poulet
- ✔ 450 g de cabillaud

Fruits/légumes :

- ✔ 200 g de pousses de soja
- ✔ 6 ciboules
- ✔ 1 bouquet de coriandre
- ✔ 35 g de gingembre frais
- ✔ 6 gousses d'ail
- ✔ 400 g de haricots verts
- ✔ 550 g de brocolis
- ✔ 3 carottes
- ✔ 1/2 concombre
- ✔ 400 g de pois gourmands
- ✔ 120 g de tomates cerises
- ✔ 2 cuil. à soupe de jus de citron vert
- ✔ 1 citron vert
- ✔ 120 g de pleurotes
- ✔ 2 bâtons de citronnelle

Crèmerie :

- ✔ 7 œufs

Épicerie :

- ✔ 600 g de riz
- ✔ 250 g de pâtes de riz plates
- ✔ 115 g de cacahuètes grillées
- ✔ 40 cl de crème de coco
- ✔ 1 cuil. à soupe de sucre de canne
- ✔ 7 cuil. à soupe de sauce soja sucrée
- ✔ 3 cuil. à café de sauce sriracha
- ✔ 2 cuil. à café de pâte de curry rouge
- ✔ 5 cuil. à soupe de nuoc-mâm
- ✔ 1 litre de bouillon de légumes

Placard de base :

- ✔ 40 g de chapelure
- ✔ 4 cuil. à soupe de farine
- ✔ 4 cuil. à soupe d'huile neutre
- ✔ 1 cube de bouillon de volaille
- ✔ Huile de sésame
- ✔ Sel

2 h pour préparer 6 recettes

dont le plat du dimanche

Les légumes

→ Épluchez et coupez les carottes en deux dans la longueur puis en demi-rondelles. Coupez les brocolis en petits bouquets, puis recoupez-les en deux. Équeutez et coupez les haricots verts en petits tronçons et émincez les pois gourmands et les ciboules.

→ Enchaînez la cuisson des légumes dans une casserole d'eau bouillante salée.

→ Faites cuire les haricots 3 minutes, récupérez-les à l'aide d'une écumoire puis passez-les sous l'eau froide et égouttez-les bien. Faites cuire les carottes 3 minutes, récupérez-les à l'aide d'une écumoire puis passez-les sous l'eau froide et égouttez-les bien.

→ Faites cuire les pois gourmands 2 minutes, récupérez-les à l'aide d'une écumoire puis passez-les sous l'eau froide et égouttez-les bien. Rangez 3/4 des pois gourmands au réfrigérateur pour les *Beignets de poisson et la salade chinoise* de mardi.

→ Faites blanchir les pousses de soja à peine 1 minute, récupérez-les à l'aide d'une écumoire puis passez-les sous l'eau froide et égouttez-les bien.

→ Faites enfin cuire les brocolis 2 minutes puis passez-les sous l'eau froide et égouttez-les bien.

→ Séparez les carottes, 1/3 pour les *Beignets de poisson* et 2/3 au réfrigérateur pour le *Riz sauté aux légumes*.

→ Séparez les pousses de soja, réservez les 3/4 au réfrigérateur pour la *Salade thaïe de poulet et légumes* et 1/4 pour le *Pad Thaï*.

→ Séparez les haricots verts en deux parts égales pour la *Salade thaïe de poulet et légumes* et pour le *Riz sauté aux légumes* et réservez-les au réfrigérateur.

→ Prélevez 1/4 des brocolis et congelez-les pour la *Soupe Tom Yam* de jeudi.

Les beignets de poisson

→ Préchauffez une friteuse à 140 °C.

→ Placez dans un mixeur, 200 g de cabillaud, 1/3 des carottes, les pois gourmands restants, 1 cuillerée à café de pâte de curry, salez et mixez sans trop insister. Préparez une petite assiette creuse avec 1 œuf battu, une deuxième assiette avec la farine et une troisième assiette avec la chapelure. Formez 8 palets avec la pâte au poisson. Trempez-les dans la farine, dans l'œuf puis dans la chapelure. Plongez les beignets 3 minutes dans le bain d'huile chaude, puis égouttez-les sur du papier absorbant. Congelez-les quand ils ont refroidi pour le mardi.

Le riz

→ Faites chauffer 1 cuillerée à soupe d'huile neutre dans une casserole et faites revenir le riz 1 minute en remuant. Versez le bouillon de légumes chaud, salez légèrement, remuez, couvrez et laissez cuire sur feu doux jusqu'à absorption du bouillon, environ 10 minutes. Séparez le riz en deux parts, congelez-en la moitié pour le *Poulet caramélisé* du vendredi et réservez l'autre moitié au réfrigérateur pour le *Riz sauté aux légumes* de mercredi.

Le poulet

→ Coupez le gingembre en tranches fines. Versez dans une casserole 1,5 l d'eau froide, le cube de bouillon de volaille et les blancs de poulet. Portez à ébullition et laissez cuire 1 minute, puis coupez le feu. Prélevez 4 blancs de poulet, placez-les dans une boîte hermétique. Ajoutez 4 gousses d'ail et 2/3 des tranches de gingembre, couvrez de bouillon de cuisson et laissez refroidir avant de congeler.

→ Laissez refroidir les 2 autres blancs de poulet et rangez-les alors au réfrigérateur pour la recette de lundi.

La sauce des salades

→ Placez 5 g de gingembre frais, 1 gousse d'ail et 3 tiges de coriandre dans un mixeur et mixez rapidement. Ajoutez 60 g de cacahuètes et redonnez un coup de mixeur. Versez 1 cuillerée à soupe de jus de citron vert, 1 cuillerée à soupe de sauce soja, 1/2 cuillerée à café de sucre de canne et 20 cl de crème de coco et mixez de nouveau. Versez dans un pot hermétique et conservez au réfrigérateur.

La soupe

→ Dans une casserole, versez 1 litre d'eau, 3 cuillerées à soupe de nuoc-mâm, le jus de citron vert restant, 2 ciboules émincées et la citronnelle. Portez à ébullition, ajoutez 250 g de cabillaud, les gambas, les pleurotes et laissez cuire 1 minute. Prélevez 8 gambas pour le *Pad thaï*. Laissez refroidir le reste et congelez-le pour la *Soupe Tom Yam* de jeudi.

Le Pad thaï

→ Émincez la gousse d'ail restante.

→ Dans une petite casserole, versez 2 cuillerées à soupe de sauce soja, le nuoc-mâm restant, le sucre de canne restant, l'ail émincé et les tranches de gingembre restantes. Portez à ébullition et laissez cuire 3 minutes.

→ Faites cuire les pâtes de riz à l'eau selon les indications portées sur l'emballage.

→ Cassez les œufs restants dans un bol et battez-les rapidement.

→ Dans une sauteuse sur feu vif, chauffez 1 cuillerée à soupe d'huile neutre et faites sauter 2 ciboules émincées 1 minute. Ajoutez les œufs battus et mélangez vivement à la spatule pendant 1 minute. Puis ajoutez les pâtes, les 8 gambas, les pousses de soja réservées, remuez le tout 1 minute. Versez la sauce et mélangez de nouveau.

Au moment de servir, hachez grossièrement 40 g de cacahuètes, répartissez-les sur le plat et déposez 4 tiges de coriandre. Servez accompagné de citron vert.

À ce stade le Pad thaï est prêt.

Dimanche

Pad thaï

Lundi

Salade thaïe de poulet et légumes

Préparation : 5 min

Ingrédients pour le Jour J

2 blancs de poulet

La moitié de la sauce des salades

200 g de haricots verts

200 g de brocolis

150 g de pousses de soja

120 g de tomates cerises

15 g de cacahuètes pour servir

1 Coupez les blancs de poulet en cubes d'environ 2 cm et les tomates cerises en deux.

2 Mélangez dans un saladier, les haricots verts, les brocolis, les pousses de soja, les tomates et les cubes de poulet.

3 Versez la moitié de la sauce. Conservez la sauce restante pour les *Beignets de poisson et la salade chinoise* de mardi.

4 Hachez grossièrement les cacahuètes restantes.

5 Répartissez la salade dans les assiettes et parsemez par-dessus les cacahuètes hachées.

Mardi

Beignets de poisson thaïs et salade chinoise

Préparation : 5 min

Cuisson : 5 min + décongélation

Ingrédients pour le Jour J

Les beignets de poisson congelés

Les pois gourmands cuits

1/2 concombre

La moitié de la sauce des salades

1 cuil. à café de sauce sriracha

1 filet d'huile de sésame

Huile pour friture

Sel

1 **Décongelez** les beignets de poisson.

2 **Chauffez** l'huile d'une friteuse à 150 °C. Plongez vos beignets de poisson 5 minutes dans la friteuse puis déposez-les sur du papier absorbant.

3 **Mélangez** bien la sauce sriracha à la sauce des salades.

4 **Coupez** le concombre en très fines tranches, salez légèrement et mélangez aux pois gourmands.

5 **Répartissez** dans les assiettes, arrosez d'huile de sésame. Déposez les beignets et servez accompagné de la sauce à la crème de coco et sriracha.

Mercredi

Préparation : 1 min

Cuisson : 6 min

Ingrédients pour le Jour J

300 g de riz cuit

200 g de haricots verts cuits

200 g de brocolis cuits

2 carottes cuites

2 ciboules émincées

2 cuil. à soupe de sauce soja sucrée

2 cuil. à café de sauce sriracha

1 cuil. à soupe d'huile neutre

Riz sauté aux légumes

1 Faites chauffer sur feu vif l'huile dans une grande sauteuse, ajoutez le riz cuit, les légumes cuits et les ciboules émincées et faites sauter le tout en remuant régulièrement pendant 3 minutes.

2 Ajoutez la sauce soja et la sauce sriracha et faites sauter encore 3 minutes en remuant toujours.

Soupe Tom Yam

1 Décongelez la soupe et les brocolis.

2 Mélangez la crème de coco et la pâte de curry. Versez-les dans une casserole avec la soupe et réchauffez-les.

3 Répartissez dans les assiettes et déposez 1 tige de coriandre par-dessus.

Jeudi

Préparation : 3 min

Cuisson : 5 min + décongélation

Ingrédients pour le Jour J

La soupe congelée

Les brocolis congelés

20 cl de crème de coco

1 cuil. à café de pâte de curry rouge

4 tiges de coriandre

Vendredi

Poulet caramélisé au gingembre

Préparation : 10 min

Cuisson : 6 min

Ingrédients pour le Jour J

4 blancs de poulet congelés

300 g de riz congelé

3 cuil. à soupe de sauce soja sucrée

4 tiges de coriandre

1 cuil. à soupe d'huile

1 **Décongelez** le riz et le poulet avec son bouillon au four à micro-ondes. Hachez la coriandre.

2 **Faites chauffer** le riz au four à micro-ondes. Ajoutez la coriandre et mélangez.

3 **Coupez** le poulet en cubes de 2 cm.

4 **Récupérez** l'ail et le gingembre dans le bouillon.

5 **Faites chauffer** sur feu vif 1 cuillerée à soupe d'huile dans une sauteuse, ajoutez l'ail et le gingembre et remuez pendant 1 minute. Ajoutez les cubes de poulet et la sauce de soja sucrée jusqu'à ce que la sauce devienne sirupeuse, comptez environ 5 minutes.

6 **Répartissez** le riz dans les assiettes puis déposez les cubes de poulet.

Semaine 15

Dimanche *Cocotte de veau au thon*

Lundi *Salade de pommes de terre aux sardines*

Mardi *Gnocchis au fenouil*

Mercredi *Pâtes aux sardines*

Jeudi *Veau aux haricots blancs*

Vendredi *Gratin de coquillettes au thon*

Liste de courses

Viande/poisson :

- ✔ 1,2 kg de veau à blanquette

Fruits/légumes :

- ✔ 1,5 kg de tomates
- ✔ 4 oignons moyens
- ✔ 4 gousses d'ail
- ✔ 1,4 kg de petites pommes de terre à chair ferme
- ✔ 2 fenouils
- ✔ 1 bouquet de persil plat
- ✔ 1 oignon rouge
- ✔ 3 carottes
- ✔ 4 branches de thym

Crèmerie :

- ✔ 120 g de parmesan râpé

Épicerie :

- ✔ 400 g de thon à l'huile d'olive (poids égoutté)
- ✔ 4 boîtes de sardines à l'huile d'olive (soit 400 g de sardines poids égoutté)
- ✔ 800 g de gnocchis
- ✔ 300 g de pâtes de type bucatini
- ✔ 240 g de coquillettes
- ✔ 400 g de haricots blancs au naturel (poids égoutté)
- ✔ 1 cuil. à soupe de câpres
- ✔ 40 olives vertes dénoyautées
- ✔ 20 cl de vin blanc
- ✔ 60 g de noix de pécan

Placard de base :

- ✔ 5 cuil. à soupe d'huile d'olive
- ✔ 1 cuil. à soupe de vinaigre balsamique
- ✔ 60 g de chapelure
- ✔ Sel et poivre

2 h pour préparer 6 recettes
dont le plat du dimanche

→ Préchauffez le four à 210 °C (th. 6-7).

Les Légumes

→ Coupez les fenouils en quatre. Faites-les cuire 5 minutes dans une casserole d'eau bouillante. Égouttez-les bien et posez-les sur une plaque de four couverte de papier cuisson. Versez 1 cuillerée à soupe d'huile d'olive, salez et poivrez.

→ Coupez les tomates en morceaux et mettez-les dans un plat à gratin. Épluchez les oignons et 2 gousses d'ail. Coupez les oignons en morceaux et mettez-les dans un mixeur avec l'ail. Mixez finement et ajoutez-les aux tomates. Versez par-dessus 2 cuillerées à soupe d'huile d'olive, salez et poivrez.

→ Enfournez en même temps les tomates et les fenouils pendant une quinzaine de minutes.

→ Épluchez les carottes, coupez-les en tronçons.

Le veau

Coupez le veau en cubes de 5 cm. Chauffez sur feu vif 2 cuillerées à soupe d'huile d'olive dans une Cocotte-Minute et faites dorer 5 minutes les cubes de veau de tous côtés. Ajoutez la moitié des carottes.

→ Émincez dans la longueur les fenouils cuits et congelez-en une moitié pour les *Pâtes aux sardines* de mercredi.

La sauce tomate

→ Prélevez 2 louches de sauce tomate, ajoutez-y l'autre moitié du fenouil émincé et réservez au réfrigérateur pour les *Gnocchis au fenouil* de mardi.

→ Séparez alors la sauce tomate en deux parts égales. Versez une part de sauce tomate dans la Cocotte-Minute avec le veau, ajoutez le vin blanc et le thym. Fermez la cocotte et faites cuire 15 minutes sous pression.

→ Versez la part restante de sauce tomate dans une casserole avec le thon, mélangez et faites cuire 5 minutes sur feu moyen.

→ Prélevez la moitié du veau à la tomate, laissez refroidir et congelez pour le *Veau aux haricots blancs* de jeudi.

→ Prélevez 1/4 du thon à la tomate et mélangez-le au veau restant dans la cocotte.

Les coquillettes

→ Faites cuire les coquillettes dans une casserole d'eau salée le temps indiqué sur l'emballage puis égouttez-les et versez-les dans un grand saladier. Ajoutez le thon à la tomate restant, 60 g de parmesan râpé, salez légèrement, poivrez et mélangez le tout. Versez le tout dans un plat à gratin et congelez pour le vendredi.

Les pommes de terre

→ Faites cuire les pommes de terre avec leur peau dans une grande casserole d'eau salée. Enlevez la peau d'1/3 des pommes de terre, coupez-les en morceaux et mettez-lez dans la cocotte avec le veau au thon. Laissez refroidir les pommes de terre restantes et réservez-les au réfrigérateur pour la *Salade de pommes de terre aux sardines* de lundi.

→ Dans un petit pot hermétique mélangez la chapelure et le parmesan râpé restant.

La cocotte de veau

→ Versez 20 olives et les câpres dans la cocotte et réchauffez 5 minutes à feu moyen.

À ce stade la cocotte de veau au thon est prête.

Dimanche

Cocotte de veau au thon

Lundi

Salade de pommes de terre aux sardines

Préparation : 10 min

Ingrédients pour le Jour J

Les pommes de terre cuites

4 tiges de persil plat

2 boîtes de sardines à l'huile d'olive (soit 200g de sardines poids égoutté)

1 oignon rouge

60 g de noix de pécan

L'huile d'olive d'1 boîte de sardine

1 cuil. à soupe de vinaigre balsamique

Sel

1 **Pelez** les pommes de terre, coupez-les en morceaux et déposez-les dans un saladier.

2 **Émincez** finement l'oignon et le persil. Émiettez les sardines. Ajoutez l'oignon, le persil et les sardines aux pommes de terre.

3 **Versez** l'huile d'une des boîtes de sardines et le vinaigre balsamique, salez et mélangez.

4 **Hachez** grossièrement les noix de pécan et parsemez-les sur la salade au moment de servir.

Mardi

Gnocchis au fenouil

Préparation : 5 min

Cuisson : 3 min

Ingrédients pour le Jour J

800 g de gnocchis

La sauce tomate au fenouil

4 tiges de persil plat

1/3 du mélange chapelure/parmesan

1 Faites cuire les gnocchis en suivant les indications portées sur l'emballage, puis égouttez-les.

2 Réchauffez la sauce tomate au fenouil au four à micro-ondes.

3 Versez la sauce sur les gnocchis et mélangez.

4 Hachez finement le persil et mélangez-le à la chapelure au parmesan râpé puis parsemez sur les gnocchis.

Mercredi

Pâtes aux sardines

Préparation : 5 min

Cuisson : 8 min + décongélation

Ingrédients pour le Jour J

300 g de pâtes de type bucatini

1 fenouil congelé

2 gousses d'ail

2 boîtes de sardines à l'huile d'olive (soit 200 g de sardines poids égoutté)

1/3 du mélange chapelure/parmesan

20 olives vertes

Poivre

1 **Faites cuire** les pâtes dans une grande casserole d'eau salée selon le temps indiqué sur l'emballage, et égouttez-les.

2 **Décongelez** le fenouil.

3 **Épluchez** et coupez les gousses d'ail en morceaux, placez-les dans un mixeur et mixez-les grossièrement. Ajoutez la moitié du mélange chapelure/parmesan et mixez plus finement.

4 **Mélangez** le fenouil aux pâtes. Émiettez les sardines.

5 **Arrosez** de 4 cuillerées à soupe de l'huile d'olive d'une boîte de sardines, poivrez et mélangez le tout. Ajoutez les olives. Servez en parsemant généreusement de chapelure à l'ail et au parmesan.

Jeudi

Préparation : 3 min

Cuisson : 5 min
+ décongélation

Ingrédients pour le Jour J

Le veau à la tomate congelé

400 g de haricots blancs au naturel (poids égoutté)

4 tiges de persil plat

Sel et poivre

Veau aux haricots blancs

1 **Décongelez** le veau à la tomate.

2 **Versez-le** dans une casserole avec les haricots blancs égouttés. Laissez cuire 5 minutes sur feu moyen en remuant de temps en temps. Rectifiez en sel et poivre.

3 **Répartissez** dans les assiettes et parsemez quelques feuilles de persil hachées.

Gratin de coquillettes au thon

1 Préchauffez le four à 210 ° (th. 7).

2 Décongelez le gratin de coquillettes.

3 Hachez finement 4 tiges de persil plat et mélangez-le à la chapelure au parmesan.

4 Étalez le tout sur le gratin et enfournez pendant 10 minutes.

Vendredi

Préparation : 3 min

Cuisson : 10 min + décongélation

Ingrédients pour le Jour J

Le gratin de coquillettes congelé

1/3 de chapelure au parmesan

4 tiges de persil

MESURES *utiles*

1 NOISETTE DE BEURRE =
4 grammes

1 NOIX DE BEURRE =
15 grammes

1 CUILLERÉE À SOUPE
= **15** grammes de sucre, farine ou huile
= **12** grammes de crème fraîche
= **3** cl de liquide
= **3** cuillerées à café

1 CUILLERÉE À CAFÉ
= **5** grammes de sel, sucre ou huile
= **7** grammes de beurre
= **0,5** cl de liquide
= **5** grammes de farine ou semoule

1 PINCÉE DE SEL =
0,3 à **0,5** gramme

1 MORCEAU DE SUCRE =
5 grammes

Économat

Dans le placard

Sels (sel fin, gros sel, fleur de sel, sels aromatisés) et poivres (noir ou exotique)

Huiles de goût neutre (maïs, tournesol, colza) ou parfumées (olive, noix...)

Vinaigres (blanc, rouge, balsamique, de xérès, de cidre...)

Lait (entier, allégé ou écrémé)

Crème liquide

Sucres (sucre semoule blanc ou roux, sucre glace)

Sauces asiatiques (soja, hoisin, teriyaki...)

Farine

Levure chimique

Cacao en poudre

Plaquettes de chocolat

Aides culinaires : bouillons et courts-bouillons déshydratés en cubes et en tablettes, gelée alimentaire en feuilles ou en poudre, fonds de veau ou de volaille, Maïzena®

Vanille (extrait ou gousse)

Riz, pâtes, semoules et céréales

Herbes

Épices

Fruits secs

Graines (sésame, lin, tournesol...)

Tomates en conserve

Ail, échalote, oignons et pommes de terre

Température du four

Thermostat	Température approximative
1	**30 °C** (à peine tiède)
2	**60 °C** (tiède)
3	**90 °C** (chaleur très douce)
4	**120 °C** (chaleur douce)
5	**150 °C** (chaleur modérée)
6	**180 °C** (chaleur moyenne)
7	**210 °C** (assez chaud)
8	**240 °C** (chaud)
9	**270 °C** (très chaud)
10	**300 °C** (chaleur vive)

Dans le réfrigérateur

Œufs

Beurre

Pâtes prêtes à l'emploi

Moutardes

Herbes fraîches

Gruyère et parmesan râpé

Super pratique !

Dans le congélateur

Herbes

Plats cuisinés

Légumes

Table des recettes

Index

Photographies et stylisme :
Dorian Nieto

Directeur éditorial : **Didier Férat**
Édition : **Diane Monserat**
Graphisme et conception : **Julia Philipps**
Couverture : **Élodie Chaillous**
Fabrication : **Laurence Duboscq**
Photograveur : **IGS**

ISBN : 978-2-263-15974-9
Code éditeur : S15974/02
Dépôt légal : janvier 2019
Achevé d'imprimer en Pologne par Imprimerie INTERAK